BIBLIOTECA DI BIBLIOGRAFIA
Documents and Studies in Book and Library History

BIBLIOTECA DI BIBLIOGRAFIA
Documents and Studies in Book and Library History
CCXI
Diretta da
Edoardo Barbieri

LAURA MELOSI

D'ANNUNZIO E L'EDIZIONE 1911 DELLA *COMMEDIA*

LEO S. OLSCHKI EDITORE
MMXIX

Casa Editrice Leo S. Olschki
Viuzzo del Pozzetto, 8
50126 Firenze
www.olschki.it

ISBN 978 88 222 6674 3

SOMMARIO

PREMESSA

Questa ricerca è nata con l'intento di fare luce sui rapporti tra Gabriele d'Annunzio e Leo Samuel Olschki, con uno specifico riguardo all'edizione della *Divina Commedia* impressa dalla tipografia Giuntina nel 1911, nel cinquantesimo anniversario dell'Unità d'Italia. Una collaborazione così fortemente voluta e cercata dal libraio antiquario fiorentino da essere stata addirittura retribuita due volte, stando alla memoria orale che dell'episodio si tramanda ancora oggi in Casa Editrice, non senza la responsabilità diretta del più inventivo tra i biografi dannunziani, Tom Antongini.

Attorno al contributo chiesto a d'Annunzio per introdurre degnamente il «Dante monumentale» ruotarono per oltre due anni i suoi contatti con l'editore e con il curatore dell'edizione, il bibliotecario e dantista Giuseppe Lando Passerini. Lo studio condotto sui carteggi di d'Annunzio con Olschki e Passerini, conservati al Vittoriale e nell'archivio della Casa Editrice Leo S. Olschki, ricostruisce in maniera quanto più possibile puntuale e certa le fasi della tormentata vicenda, avvalendosi anche di documenti inediti dai quali emerge, riveduta e corretta, la versione aneddotica e a tratti incongrua che finora se ne conosceva. Gli esiti dell'indagine sono stati anticipati in due puntate sulla «Bibliofilía»,[1] ma essi ritrovano qui la loro naturale sintesi con integrazioni, precisazioni e acquisizioni ulteriori, e soprattutto con la riproduzione integrale e l'analisi di un disperso manoscritto autografo della prima stesura del proemio dannunziano che è l'autentica chiave di volta della questione. In base a questo documento e alle lettere inedite a esso correlate si offrono, infatti, nuovi elementi per una esatta definizione della trattativa intercorsa tra editore e autore, con particolare riguardo alla nota, apparentemente dolente, del compenso. Attraverso la corrispondenza e i materiali tipografici conservati si ripercorrono, inoltre, le fasi di lavorazione del volume e di composizione e stampa del proemio, effettuate sotto la diretta sorveglianza di d'Annunzio.

---

[1] *D'Annunzio e il Dante monumentale. Dai carteggi con Olschki e Passerini con documenti inediti. Parte prima: il progetto e la fuga (1909-1910)*, CXX, 1, 2018, pp. 111-142; *Parte seconda: la stampa e l'epilogo (1911-1922)*, CXX, 2, 2018, pp. 279-308.

A parte, viene chiarito l'episodio della tentata vendita, all'altezza del 1910, di una cospicua e importante sezione di manoscritti di opere dannunziane, da cui risulta il ruolo fiduciario di Olschki come intermediario ben inserito nei circuiti del collezionismo internazionale.

Completa il quadro la ricostruzione delle vicende successive alla stampa, che definiscono attraverso i giornali dell'epoca l'accoglienza riservata dalla critica alla sontuosa edizione dantesca e danno conto della rottura dei rapporti tra Olschki e Passerini, a seguito di controversie sorte fin dal 1916 e culminate nel 1922 in una vertenza davanti al tribunale di Firenze che vide riconosciute le ragioni dell'editore.

Come per ogni esplorazione condotta tra raccolte di documenti, biblioteche e archivi storici, anche in questo caso è stato di fondamentale importanza l'aiuto di coloro che ne custodiscono i segreti, e dunque desidero ringraziare quanti hanno reso possibile e agevolato il mio lavoro. Esprimo, in primo luogo, il più vivo ringraziamento a Daniele Olschki che, mosso dalla mia stessa curiosità per un episodio di assoluto rilievo nella storia della Casa Editrice, ha aperto l'archivio d'impresa e ha guidato la ricognizione tra carte a lui ben note, al fine di sostenere, confermare, perfezionare quanto altri fondi documentali e la bibliografia di riferimento andavano restituendo ai miei studi. È merito di questa felice collaborazione, fitta di riflessioni congiunte su ipotesi e verifiche, se una ricerca di per sé stimolante è diventata passo dopo passo entusiasmante, giungendo ai risultati che si offrono nella accurata veste editoriale del presente volume, corredato da un ampio ed esclusivo apparato iconografico. Anche di questo ringrazio Daniele e con lui il direttore della «Biblioteca di bibliografia», Edoardo Barbieri, per l'accoglienza nella prestigiosa collana. Sono molto grata ad Alessandro Tonacci e a Roberta Valbusa della Fondazione Il Vittoriale degli Italiani, per l'orientamento nella corrispondenza dannunziana, e al presidente Giordano Bruno Guerri; a Claudia Foschini della Biblioteca Classense, per l'indirizzo nei fondi danteschi della Istituzione ravennate; a Stefania Glori della Fondazione Marco Besso di Roma, per gli specifici controlli effettuati. Ai dannunzisti Andrea Lombardinilo e Franco Di Tizio va la mia amichevole gratitudine per i preziosi suggerimenti biografici e al Centro Dantesco dei Frati minori conventuali di Ravenna la mia riconoscenza per aver consentito la pubblicazione degli inediti dannunziani ivi rintracciati.

L. M.

Uzzano, giugno 2019

I
L'EDIZIONE MONUMENTALE DELLA *DIVINA COMMEDIA*

Alla fine dell'estate del 1911, con oltre un anno di ritardo sul programma iniziale, giungeva a compimento un'impresa editoriale di alto valore simbolico per il giovane stato unitario, intento a consolidare la propria realtà identitaria nell'Europa dei nazionalismi. A Firenze, la Libreria antiquaria editrice Leo S. Olschki stampava un'edizione della *Divina Commedia* celebrativa del cinquantenario dell'unificazione, dedicata a Vittorio Emanuele III, re d'Italia, e insignita della medaglia d'oro alla Esposizione internazionale delle industrie e del lavoro di Torino (Tav. I). Un'edizione di pregio, espressione della migliore arte tipografica italiana, arricchita da una prefazione di Gabriele d'Annunzio attorno alla quale ruotarono in larga parte i rapporti del poeta con l'editore Olschki e con il curatore dell'opera, Giuseppe Lando Passerini, all'epoca direttore del «Giornale Dantesco».[1]

---

1 Di famiglia patrizia cortonese, Giuseppe Lando Passerini (Firenze 1858-1932) diresse dal 1896 la Biblioteca Medicea Laurenziana. Erudito appassionato dei primi secoli della letteratura italiana, si dedicò in particolare alla divulgazione degli studi danteschi e al culto del poeta. Come dantista ebbe larga fama, ma raccolse anche giudizi severi (si veda CESARE FEDERICO GOFFIS, *ad vocem*, in *Enciclopedia Dantesca*, IV, Roma, Istituto della Enciclopedia Italiana, 1973, p. 341). Il rapporto almeno trentennale con Leo Samuel Olschki prese avvio dalla stampa del volume *Di alcuni notevoli contributi alla storia della vita e della fortuna di Dante* del 1892 e si sviluppò negli anni attraverso la direzione del «Giornale Dantesco» e diverse altre iniziative letterarie. La sua opera maggiore resta *La Vita di Dante (1265-1321)*, pubblicata da Vallecchi nel 1929. L'amicizia di Passerini con d'Annunzio, a far data almeno dal 1883 e poi durante e dopo gli anni fiorentini del poeta, fu cementata dai soggiorni di entrambi a Marina di Pisa. Tra il 1912 e il 1913 lo studioso pubblicò per Sansoni il *Vocabolario della poesia dannunziana* e il *Vocabolario della prosa dannunziana*. Negli anni Venti, Passerini aderì al movimento fascista e partecipò alla marcia su Roma. Successivamente ebbe incarichi politici a Trento, Zara e Firenze. In ragione della donazione della propria biblioteca dantesca e di un ricco archivio all'Accademia Petrarca di Arezzo, avvenuta nel 1924, l'istituto possiede l'esemplare n. 269 della *Commedia* monumentale. Su Passerini si vedano: *Giuseppe Lando Passerini e l'Accademia Petrarca. L'archivio e la biblioteca di un «aretino» ritrovato. Atti della Giornata di Studio (Arezzo, 5 giugno 2007)*, «Atti e memorie della Accademia Petrarca di Lettere, Arti e Scienze», n.s., LXIX, 2007, pp. 333-471 (in particolare i contributi di ELISA BOFFA, *La biblioteca dantesca di G.L. Passerini*, pp. 339-354 e MASSIMO FANFANI, *Un vocabolarista dannunziano*, pp. 393-451); FRANCO CRISTELLI, *Giuseppe Lando Passerini: un «aretino ritrovato» amico di d'Annunzio*, «Atti e memorie della Accademia Petrarca di Lettere, Arti e Scienze», n.s., LXXII-LXXIII, 2010-2011, pp. 107-146.

Sono molti gli elementi che contribuiscono a fare di questa *Commedia* in folio un assoluto monumento bibliografico. Intanto la scelta di illustrarla con la riproduzione delle xilografie che ornavano l'edizione con il commento di Cristoforo Landino, uscita dai torchi di Bernardino Benali e Matteo Codecà a Venezia il 3 marzo 1491 (Tavv. II-III).[2] È un'opzione filologicamente significativa a favore dell'antico e della stampa ai suoi albori, a sottolineare la vocazione di un libraio editore che ventotto anni prima, come un prototipografo quattrocentesco, si era mosso dalla nativa Prussia orientale verso l'Italia culla della classicità.[3] Va poi considerata la raffinatezza preziosa e dispendiosa del prodotto: i caratteri furono appositamente forniti dalla ditta Nebiolo di Torino e l'impressione avvenne su carta a mano delle cartiere Miliani di Fabriano,[4] filigranata con l'effige di Dante e con la marca LSO. Ne furono tirati 300 esemplari numerati più 6 in pergamena, questi ultimi con iniziali miniate, *colophon* latino, borchie e fermagli in argento massiccio sulla stessa legatura in tutto cuoio con impressioni a freddo realizzata dalle officine dei fratelli Tartagli anche per l'altra tiratura.[5] Un *pro memoria* conservato nell'Archivio della Casa Editrice e risalente al dicembre 1922[6] attesta che solo 200 esemplari furono legati, mentre gli

---

[2] Lilian Armstrong, *La xilografia nel libro italiano del Quattrocento. Un percorso tra gli incunaboli del Seminario Vescovile di Padova*, trad. di Lucia Mariani, a cura di Paola Maria Farina, Milano, EduCatt, 2015. Il corredo figurativo (cento illustrazioni più i capilettera), già attribuito a Pietro da Figino, "emendatore" del testo (con ogni probabilità il francescano Pietro Mazzanti, teologo legato a Lorenzo de' Medici), è ora riconosciuto opera del poeta e pittore Antonio Grifo, esule veneziano ben inserito nelle corti settentrionali e fra il 1494 e il 1496 lettore di Dante presso Ludovico il Moro (si vedano le ricerche di Giuseppe Frasso – Giordana Mariani Canova – Ennio Sandal, *Illustrazione libraria, filologia e esegesi petrarchesca tra Quattrocento e Cinquecento. Antonio Grifo e l'incunabolo queriniano G V 15*, Padova, Antenore, 1990 e l'edizione anastatica del Petrarca queriniano a cura di Ennio Sandal, postfazione di Pietro Gibellini, Brescia, Grafo, 1995). Il 18 novembre 1491, sempre a Venezia, ne fu procurata una nuova edizione per i torchi di Pietro Cremonese (vedi ora *Comedia di Dante con figure dipinte*. Facsimile dell'incunabolo veneziano del 1491 nell'esemplare della casa di Dante a Roma, Roma, Salerno Editrice, 2014).

[3] La storia della Casa Editrice, dalla fondazione e attraverso le generazioni succedute a Leo Samuel Olschki, è stata ricostruita in due volumi pubblicati nel centenario della fondazione: *Olschki un secolo di editoria 1886-1986*, prefazione di Eugenio Garin, Firenze, Olschki, 1986. Vol. I: Cristina Tagliaferri, *La libreria antiquaria editrice Leo S. Olschki (1886-1945)*. Vol. II: Stefano De Rosa, *La casa editrice Leo S. Olschki (1946-1986)*.

[4] Le cartiere Miliani fabbricavano la raffinata carta a mano filigranata su cui d'Annunzio vergò con penna d'oca tanti suoi manoscritti, preziosa al punto da farne oggetto del dono di nozze al caro amico Ugo Ojetti (si veda la lettera del 13 dicembre 1905 nel *Carteggio d'Annunzio-Ojetti [1884-1937]*, a cura di Cosimo Ceccuti, Firenze, Le Monnier, 1979).

[5] I dettagli dell'edizione sono illustrati in una *Notizia* apparsa ne «La Bibliofilía» (XI, 10-11, 1909-1910, pp. 449-450), che pubblica integralmente il manifesto per la raccolta delle sottoscrizioni (*infra*). Informazioni sintetiche in C. Tagliaferri, *La libreria antiquaria editrice*, pp. 191-195 e in F. Cristelli, *Giuseppe Lando Passerini*, pp. 119-125.

[6] Archivio Casa Editrice Leo S. Olschki (di seguito ArO), *Carte Olschki-Passerini*, D780,

altri 100 all'epoca giacevano ancora in fogli sciolti presso Tartagli, tranne alcune copie rilegate alla bodoniana e destinate principalmente alle biblioteche. All'atto della sottoscrizione, il prezzo fu stabilito in 3.000 lire per le copie membranacee, 500 lire per quelle cartacee con legatura in cuoio (divenute 600 a regime di vendita) e 250 lire per quelle alla bodoniana.[7] Da un'inserzione pubblicitaria apparsa all'interno della copertina del catalogo *Incunabula typografica* (LXXXIII, 1912) si ricavano anche i prezzi per gli acquirenti d'oltralpe: rispettivamente 3.000 franchi per gli «exemplaires sur vélin avec les lettres initiales et les armoiries du souscripteur enluminées» e 600 franchi per gli «exemplaires numérotés, sur papier de luxe, avec le portrait du poète et la marque de l'éditeur en filigrane».[8]

Come di consueto, la raccolta delle sottoscrizioni aveva preceduto l'avvio della stampa. Un elenco presente nell'Archivio della Casa Editrice, decisivo per ricostruire la diffusione di questa edizione, vede annotati in sequenza i privati e le istituzioni che prenotarono gli esemplari numerati fin dal 1909 e via via negli anni a seguire (Figg. 1-7).[9] Dal n. 1 al n. 84 la lista non conosce soluzione di continuità e si svolge attraverso una rassegna di nomi altisonanti e geograficamente dislocati che vanno dalla Regina madre al Ministro dell'Istruzione, dall'Harvard College Library di Cambridge in Massachusetts alla Library of Congress di Washington, dalla Biblioteca Riccardiana di Firenze alla Casanatense di Roma, dall'allora primo ministro Sidney Sonnino al ricchissimo collezionista newyorkese Henry Walters, fino a esponenti dell'*intelligencija* nobile europea e alle biblioteche pubbliche e universitarie di tutto il mondo. L'esemplare n. 86 fu donato da Olschki alla corazzata Dante Alighieri, varata il 20 agosto 1910 ed entrata in servizio il 15 gennaio 1913.[10] Dal n. 87 al n. 100 risulta un vuoto nelle sottoscrizioni,

---

pro memoria datato 14 dicembre 1922. Su questo documento si dovrà tornare più avanti, per le notizie che esso fornisce circa i costi e i ricavi dell'intera operazione di stampa.

7 Quest'ultima cifra, che non compare nel documento citato, è indicata da C. TAGLIAFERRI, *La libreria antiquaria editrice*, p. 193, nota 111.

8 C. TAGLIAFERRI, *La libreria antiquaria editrice*, p. 191.

9 ArO, *Carte Olschki-Passerini*, D42.

10 Il 22 settembre 1911 Passerini aveva scritto al Capitano di vascello Silvio Belleni, comandante della Dante Alighieri all'ancora nel porto di La Spezia: «Essendo intendimento del commendatore Leo S. Olschki e mio di offerire alla R. Nave "Dante Alighieri" un esemplare della edizione monumentale della "Divina Commedia" di cui mi permetto inviarLe un prospetto, abbiamo, di questo desiderio nostro, dato notizia a Sua Eccellenza il Ministro della Marina che con parole cortesi, ci ha autorizzati a presentare il dono, pregandoci di metterci per ciò in relazione con la S.V. E poiché, secondo le informazioni cortesi di Sua Eccellenza, la nave sarà in completo armamento verso l'aprile del 1912, noi attenderemo dalla S.V. opportune istruzioni circa il tempo preciso e i modi da stabilirsi d'accordo per effettuare la presentazione del dono» (ArO, C576). Questo è il testo del discorso con cui Leo S. Olschki accompagnò il dono della

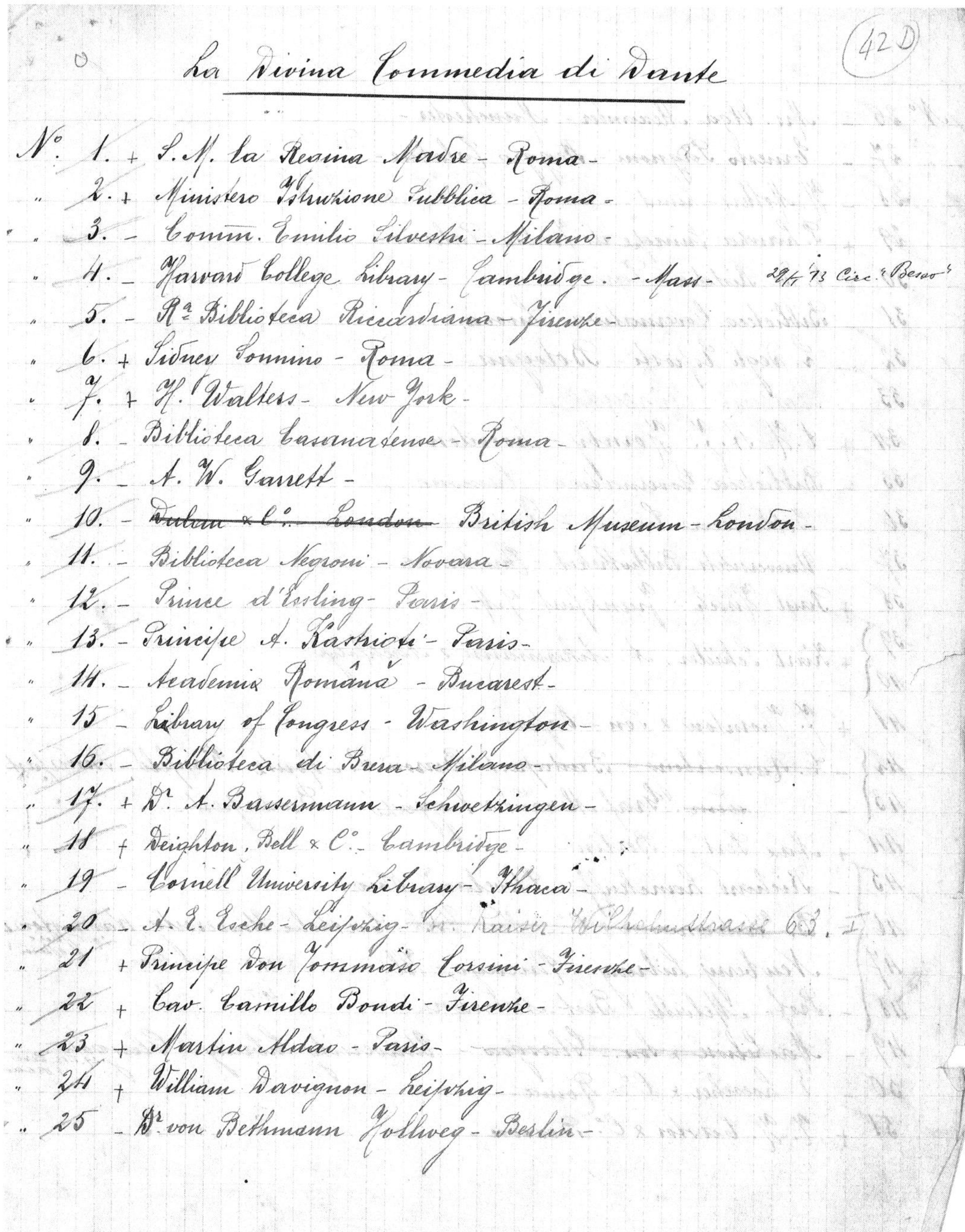

La Divina Commedia di Dante

N.° 1. + S. M. la Regina Madre - Roma -
" 2. + Ministero Istruzione Pubblica - Roma -
" 3. - Comm. Emilio Silvestri - Milano -
" 4. - Harvard College Library - Cambridge. - Mass - 29/1 '13 Circ. "Besso"
" 5. - R.a Biblioteca Riccardiana - Firenze -
" 6. + Sidney Sonnino - Roma -
" 7. + H. Walters - New-York -
" 8. - Biblioteca Casanatense - Roma -
" 9. - A. W. Garrett -
" 10. - ~~Dulau & C.o London~~ British Museum - London -
" 11. - Biblioteca Negroni - Novara -
" 12. - Prince d'Essling - Paris -
" 13. - Principe A. Kastrioti - Paris -
" 14. - Academia Română - Bucarest -
" 15 - Library of Congress - Washington -
" 16. - Biblioteca di Brera - Milano -
" 17. + D.r A. Bassermann - Schwetzingen -
" 18 + Deighton, Bell & C.o - Cambridge -
" 19 - Cornell University Library - Ithaca -
" 20 - A. E. Esche - Leipzig - Kaiser Wilhelmstrasse 63. I
" 21 + Principe Don Tommaso Corsini - Firenze -
" 22 + Cav. Camillo Bondi - Firenze -
" 23 + Martin Aldao - Paris -
" 24 + William Davignon - Leipzig -
" 25 - D.r von Bethmann Hollweg - Berlin -

1

Figg. 1-7. Elenco manoscritto dei sottoscrittori (Archivio Casa Editrice Leo S. Olschki).

N° 26 – Mrs. Olga Alexander - Manchester -

27 – Ernesto Sagnoni - Reggio Calabria - ?

28 – H. Möllers - Lund - Univ. Buchhandlg.

29 + P. Lanza Principe di Trabia - Palermo -

30 + G. de Ridder - Paris -

31 – Biblioteca Governativa - Lucca -

32 – L. Degli Esposti - Bologna -

33 Rossini Firenze

34 + C. H. St. J. Hornby - London -

35 – Biblioteca Governativa - Cremona -

36 – Biblioteca Civica - Torino -

37 – Universitets Bibliotheket - Christiania -

38 + Paul Hirsch - Frankfurt a/M. -

39 }
40 } + Karl Schüler. A. Ackermann's Nachfolg.

41 + J. Thornton & Son - Oxford -

42 – ~~G. Ranschburg - Budapest~~ Baron Dr. Moritz Kornfeld - Budapest -

43 – ~~idem~~. Graf Alexander Vigyázó - Budapest -

44 + Max Perl - Berlin -

45 – Richard Lanckuff - Cleveland, Ohio

46 – ~~B. Westermann & C°. - New York~~ Catholic University - Washington D.C. '13 29. I. Circ. e Besso

47 – Newberry Library - Chicago - Ill. 29. I. Circ. Besso

48 – Prof. Melville Best-Anderson 29. I. "

49 – ~~Maclehose & Son. - Glasgow~~ - University Library - Glasgow - 29. I. 13 Circ. e Besso

50 – E. Loescher & C°. - Roma -

51 + T. H. Castor & C°. - Boston -

(420)

N° 52 – H. A. Kramers & ~~Zoon~~ – Amsterdam –
53 – M. Gottlieb – Wien.
54 – Otto Schulze & C° – Edinburg –
55 + Max Perl – Berlin –
56 – idem.
57 + B. Quaritch – London –
58 – F.lli Bocca – Torino –
59 – W. Peters – Düsseldorf –
60 + Nicolaische Buchhand. – Berlin –
61 – Biblioteca Comunale – Bologna –
62. – Weiss'sche Univ. – Bhdlg – Heidelberg –
63 – R. Schellinck –
64 – Baldini & Castoldi – Milano –
65 + Vicomte ~~Louis~~ de Sartiges – Lausanne. –
66 + S. M. il Re dei Bulgari – Sophia –
67 + ~~H. Floury – Paris~~ – M. le Prince Constantin de Brancovan – Paris –
68 + Rev. Don Michele Faloci – Pulignani – Foligno –
? 69 – The John Rylands Library – Manchester – 29. I. 13 Circ. "Besso"
70 + Salvador Babra – Barcelona –
71 + Conte Nicolò Papadopoli Aldobrandini – Venezia –
72 – Wellesley College Library – Wellesley – 29/I. 13 Circ. Besso
73 – ~~F. Perella – Napoli~~ – R.a Biblioteca Universitaria – Napoli –
74 – Mrs. W.m H. Baltzell – Wellesley –
75 + E. Bruno – Firenze –
76 – Baron Weill-Weiss – Lainate –
77. – F. H. Schimpff – Trieste –

N.° 78 – Rina Zumero Luzzatti - Milano -
79 - F.lli Bocca - Milano -
80 – A. Arnold - Lugano -
81 + E. Mackenzie - Genova -
82 + Marchese Di Sitizano - Napoli -
83 - F.lli Bocca - Roma -
84 – Madame Gavrowsky - Paris -
85 -
86 - Nave Dante Alighieri
87 -
88 -
89 -
90 -
91 -
92 -
93 -
94 -
95 -
96 -
97 -
98 -
99 -
100 -
101 + Rag. Perego di Rho
102 Stechert (Sep.)
103 Stechert (Sep.)

420

N° 104

105 + Jacques Rosenthal - München -

106 + C. E. Fritze - Stockholm -

107 - Biblioteca Brancacciana - Napoli -

108 - Successori B. Seeber - Firenze -

109 -

110 Martinson 20-2-12

111 - Thalasso - Paris - (dono)

112 - fratelli Drucker - Padova -

113 - Martinson 21-3-12

114 + Karl W. Hiersemann - Lipsia

115 - Hengsterberg (dep.)

116 + Gaetano Pandola - Napoli

117 - deposito Heller

118 -

119 - Ditta R. Giusti - Livorno -

120 - Mrs. Nelke - London - 10, Cadogan Square S. W.

121 - Al Comm. a Ginevra -

122 - Daniel G. Folan & C° di Beaumont (U.S.A.)

123 + Paccucci Tolmezzo Moggio

124 + Baer & C (dep.)

125 - S. Lattes & C°. - Torino -

126 - Library of the Peabody Institute - Baltimore -

127 - R. Biblioteca di S. Marco - Venezia.

128 - In deposito a Georg di Basilea

129 - Capitano Adone Roberti di Milano.

N. 130 + Avv. Ettore Serra di Spezia.
131
132 – Ing. Giovanni Carosio – Buenos Aires –
133 Signor Parenti – Città
134 Succursale di Roma 11/12/19. Pignatelli
135 + Alberto Edoardo Biandi di Milano.
136 – R. Prefettura – Firenze (dono)
137 Gozzini 17/5/19
138 – José Carlos Rodrigues – Rio de Janeiro –
139 Gutnerstwer Cº Varsavia
140
141 Duttweiler
142 Avv. Gino Mucchi di Firenze
143 G. Laterza Seeber 23-12-22
144 Steiermärkische Landesbibliothek Graz
(2) 146 F.lli Bocca (dal deposito) Milano
(1°) 145 – Guglielmo Pepe – San Paolo – (Brasile) Gaetano & Rua General Jardin 19
147 Livingston Phelps.
148 al Commendatore e Ginevra
149 in deposito da Kaiser
150 al Commendatore e Ginevra. Vend. 11/4/21
151
152 Ing. Poli Re – Buenos Aires –
153 Ulrico Hoepli – Milano
154
155
156 + Comm. Fioroni Genova Hotel Bristol

(42 D)

N°. 157 + Mme Hugo Finaly - Firenze -
158 Succursale Roma Venduto p. cassa 29-10-20
159 Venduto per cassa 31/12/22
160 + Favarò prof Termini Imerese
161 " " "
162
163 Succursale di Roma 11/6/19. Venduto 29-10-20
164 Prof Sartorio
165 Favarò Termini Imerese
166 George Booth.
167
168. - R. Thomson - Sydney -
169. in deposito da Haessel
170 Favarò Termini Imerese
171 F.lli Bocca Milano
172 Succursale Roma vend.
173 R. Biblioteca Universitaria - Cagliari -
174 Vend. per cassa 29/11/22
175 Succursale Roma vend.
176
177
178 Treves
179 Bianchi E. G. Milano
180 + Sachs Paul Cambridge U.S.A.
181 Venduto p. cassa 17-5-26
182 F.lli Bocca Torino.
183 Ministero Pubblica Ist. Roma

che riprendono dal n. 101 e procedono più rarefatte fino al n. 221, talora con l'indicazione della data di vendita o della modalità "per cassa" attraverso la succursale di Roma della Libreria antiquaria. Dal n. 250 in poi sono registrate le sottoscrizioni di esemplari non legati o con legatura alla bodoniana. Nel complesso, il già ricordato *pro memoria* del 1922 stima che furono vendute 114 copie della tiratura su carta a mano con legatura in cuoio e una decina di copie con legatura alla bodoniana, più 5 copie in pergamena che furono rispettivamente acquistate dal re Vittorio Emanuele III, da Ahmed pascià d'Egitto, dal collezionista John Pierpont Morgan, presidente del Metropolitan Museum,[11] da Henry Walters che già aveva prenotato l'esemplare n. 7, dal finanziere bibliofilo e dantista Marco Besso. La sesta copia si conserva tuttora in Casa Editrice.[12]

Divina Commedia monumentale alla corazzata Dante Alighieri (ArO, D289): «Alla bella e formidabile nave, a cui la Maestà del Re si piacque di dare un nome che uguagliasse spiritualmente la materiale forza dei suoi cannoni e la possanza dei suoi temperati acciari, la benemerita Società, che pur di quel gran nome si onora, ha offerto oggi la bandiera di combattimento. / A così alto e glorioso simbolo della Patria permettetemi, Signor Comandante, che io, col cortese assentimento di Sua Eccellenza il Ministro della Marina, aggiunga ora la offerta di un altro simbolo non meno significativo e solenne: il libro sacro di Dante. / Accanto al cofano che racchiude il vessillo dei tre colori, Vi piaccia riporre il volume che io vi reco da Firenze, e nel quale si accoglie la più alta e profonda parola che sia mai stata detta e che mai più si dirà: e se un giorno quel vessillo salga, tra il furore della battaglia, sull'albero della nave, segnacolo di speranza e promessa di vittoria, il suo drappo battuto dai venti mandi la sussultante ombra sulle pagine aperte del libro, nelle cui filigrane, entro la chiusa corona, trapariscono le severe sembianze del Vate che pianse le sventure e auspicò le glorie della "dolce terra latina". / Io vi offro, signor Comandante, questo libro anche nel nome del Conte Passerini, sagace illustratore del testo dantesco, il quale, dolente di non aver potuto accompagnare di persona il nostro dono votivo, invia per me e con me i suoi saluti e i suoi fervidi auspici ai prodi marinari d'Italia e alla bella nave dal grande nome augurale, nuovo simbolo e presidio sui mari della forza e della sempre rinascente gloria d'Italia».

11 Leo Samuel Olschki, *Le mie relazioni con J.P. Morgan*, «La Bibliofilía», XV, 1, 1913-1914, pp. 1-7. Molte informazioni sulle trattative con Morgan per l'acquisto di intere collezioni librarie e sui non sempre facili rapporti con Belle Greene, bibliotecaria e consulente di fiducia del magnate americano, in C. Tagliaferri, *La libreria antiquaria editrice*, pp. 88-89 e *passim*.

12 La continuità e solidità dei rapporti di Olschki con Henry Walters è testimoniata dal loro carteggio, conservato in ArO, *Carteggio Olschki*, corrispondente Walters e presso l'Archivio del Walters Art Museum di Baltimora. Olschki dedicò al collezionista *Le Livre en Italie à travers les siècles*, una storia dell'arte tipografica pubblicata in occasione della mostra del libro tenutasi a Lipsia nel 1914. Walters acquistò la grande raccolta incunabolistica olschkiana (C. Tagliaferri, *La libreria antiquaria editrice*, pp. 86-87).

12 I contatti di Besso con Olschki furono molto stretti a datare dai primi del Novecento, come attesta la corrispondenza conservata nell'Archivio Storico della Fondazione Marco Besso di Roma e in ArO, *Carteggio Olschki*, corrispondente Besso. A proposito della *Commedia*, una cartolina inviata da Leo Samuel il 30 agosto 1911 annunciava pronto il «Dante monumentale» e prossimo l'invio dell'«esemplare membranaceo» (Archivio storico della Fondazione Marco Besso, di seguito ASFMB, Tit. I, parte 4, serie Attività Culturale, c-Pubblicazioni, *La fortuna di Dante fuori d'Italia*). La copia della collezione Besso è arricchita dal proemio autografato da

d'Annunzio, in seguito a una richiesta a titolo di grande favore avanzata dal genero del finanziere, Alberto Lumbroso, storico e pubblicista, fondatore e direttore della «Rivista di Roma», in virtù dello stretto rapporto professionale e personale che in quegli anni lo legava al Vate. «Mi faccia un grandissimo piacere – scriveva Lumbroso a d'Annunzio il 19 marzo 1912 –. Mio suocero (il comm. Marco Besso, noto dantista e paremiologo) possiede nella sua veramente regale biblioteca uno dei sei *Danti* olschkiani a 6000 lire [*sic*]; vorrebbe ornarlo (già ch'è in pergamena) di un Suo autografo pure in pergamena, e La prega di copiare questo Suo brano dantesco sull'acclusa pergamena. Dovrebbero precedere le parole *A Marco Besso* e dovrebbe seguire la data e la firma: *Arcachon... Marzo 1912 Gabriele d'Annunzio*. Può contentarmi?» (Biblioteca e Archivio del Vittoriale degli Italiani, di seguito ArV, Archivio Generale, di seguito AG, *Lumbroso Alberto*, LVI, 5; per l'Archivio Personale si userà AP).

[12] LEO SAMUEL OLSCHKI, *Aus den Erinnerungen eines Dante-Verlegers*, «Deutsches Dante-Jahrbuch», XV, 1933, pp. 132-140.

II
IL PROGETTO

L'edizione della *Commedia* fu un'operazione editoriale perfettamente rispondente alla vocazione antiquaria di Leo Samuel Olschki[1] e anche se la proposta venne da Passerini, autore del commento al testo, l'editore non dovette metterci molto a convincersi del prestigio che l'impresa avrebbe recato alla sua Casa. Si conosce il manoscritto del *Prospetto per una edizione monumentale della «Divina Commedia»* (Figg. 8-11), autografo non datato di mano di Passerini,[2] da rileggere nella sua integralità per comprendere quali furono le intenzioni del promotore relativamente alla stampa di un'edizione pregevole dal punto di vista artistico e tipografico, e all'idea di "modernità" che dovette ispirarla:

È mio intendimento procurare una grande edizione della Divina Commedia, in quarto grande o piccolo folio, a imitazione delle più belle e celebrate edizioni antiche del 1° sec. della Stampa, ma condotta, sì nella parte artistica come nella letteraria, con gusto e metodo moderni: per modo, che se il commentario, sobrio ma largo, accompagnerà il testo passo passo, incorniciandolo all'uso de' glossatori, esso dovrà recare nella chiosa quanto occorre a dar lume al testo, e a dare al lettore piene e sicure informazioni secondo le ultime e più attendibili ricerche della critica; e se l'arte del tipografo e dell'illustratore si terrà alla grande tradizione degli antichi maestri italici, non sdegnerà piegar questa tradizione al suo sentimento personale e agl'intendimenti moderni. Vorrei infine che il libro fosse, tutto intiero, una prova di ciò che dovrebbe essere in Italia un bel libro moderno, esempio di buon gusto, di bellezza e di grazia.

A far ciò, converrebbe che l'arte dell'illustratore e la dottrina del commentatore insieme si intendessero e fondessero in una nota di singolare armonia: e tutto, fregi e glosse, intorno al Canto del Poeta divino, cantasse un'inno [*sic*] di gloria e

---

[1] Su Olschki incunabolista si veda Edoardo Barbieri, *Leo Samuel Olschki «auteur du mouvement des études sur l'origine de l'imprimerie». I. I cataloghi di vendita*, «La Bibliofilía», CXVI, 1-3, 2014, pp. 281-304.

[2] ArO, *Carte Olschki-Passerini*, D769. Lo ha parzialmente pubblicato C. Tagliaferri, *La libreria antiquaria editrice*, p. 192.

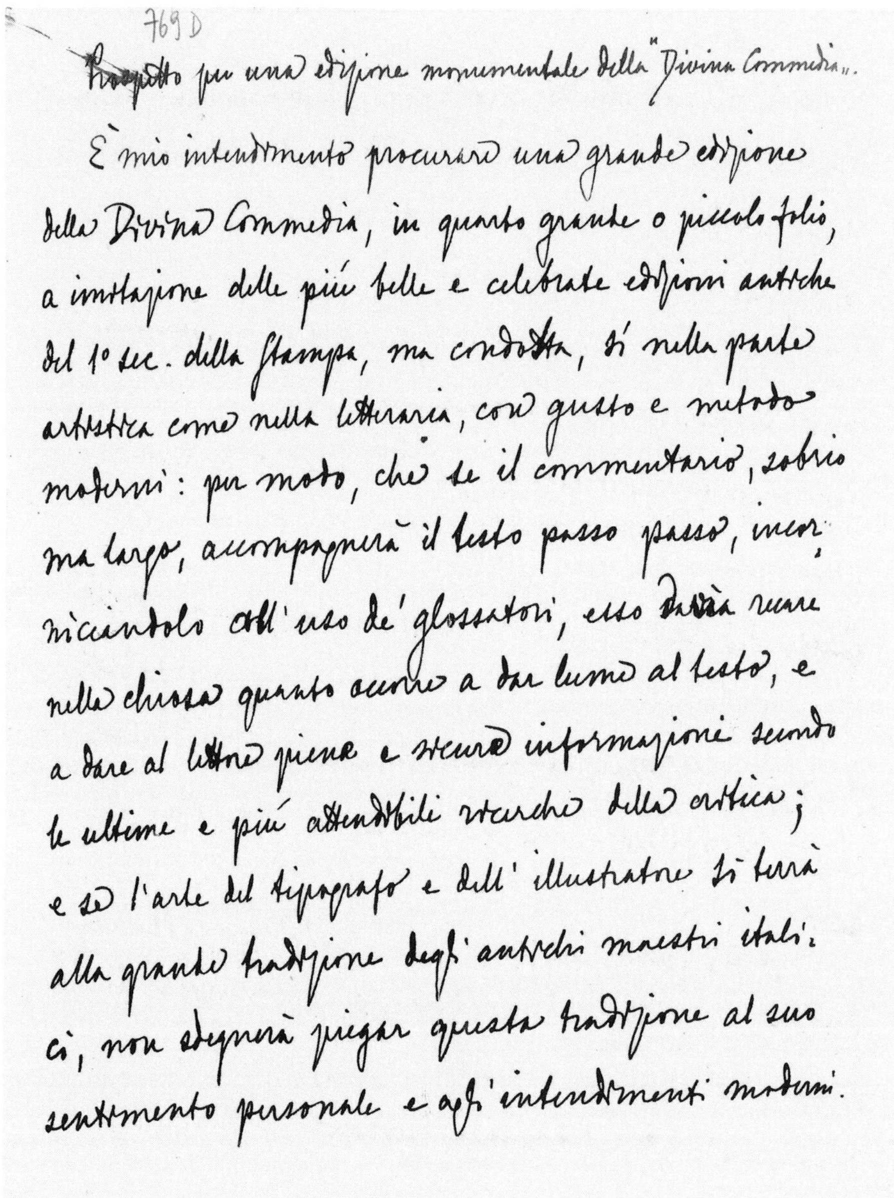
769 D

Prospetto per una edizione monumentale della "Divina Commedia".

È mio intendimento procurare una grande edizione della Divina Commedia, in quarto grande o piccolo folio, a imitazione delle più belle e celebrate edizioni antiche del 1° sec. della stampa, ma condotta, sì nella parte artistica come nella letteraria, con gusto e metodo moderni: per modo, che se il commentario, sobrio ma largo, accompagnerà il testo passo passo, incorniciandolo all'uso de' glossatori, esso dovrà recare nella chiosa quanto occorre a dar lume al testo, e a dare al lettore piena e sicura informazione secondo le ultime e più attendibili ricerche della critica; e se l'arte del tipografo e dell'illustratore si terrà alla grande tradizione degli antichi maestri italici, non sdegnerà piegar questa tradizione al suo sentimento personale e agli intendimenti moderni.

8

Figg. 8-11. *Prospetto per una edizione monumentale della «Divina Commedia»* (Archivio Casa Editrice Leo S. Olschki).

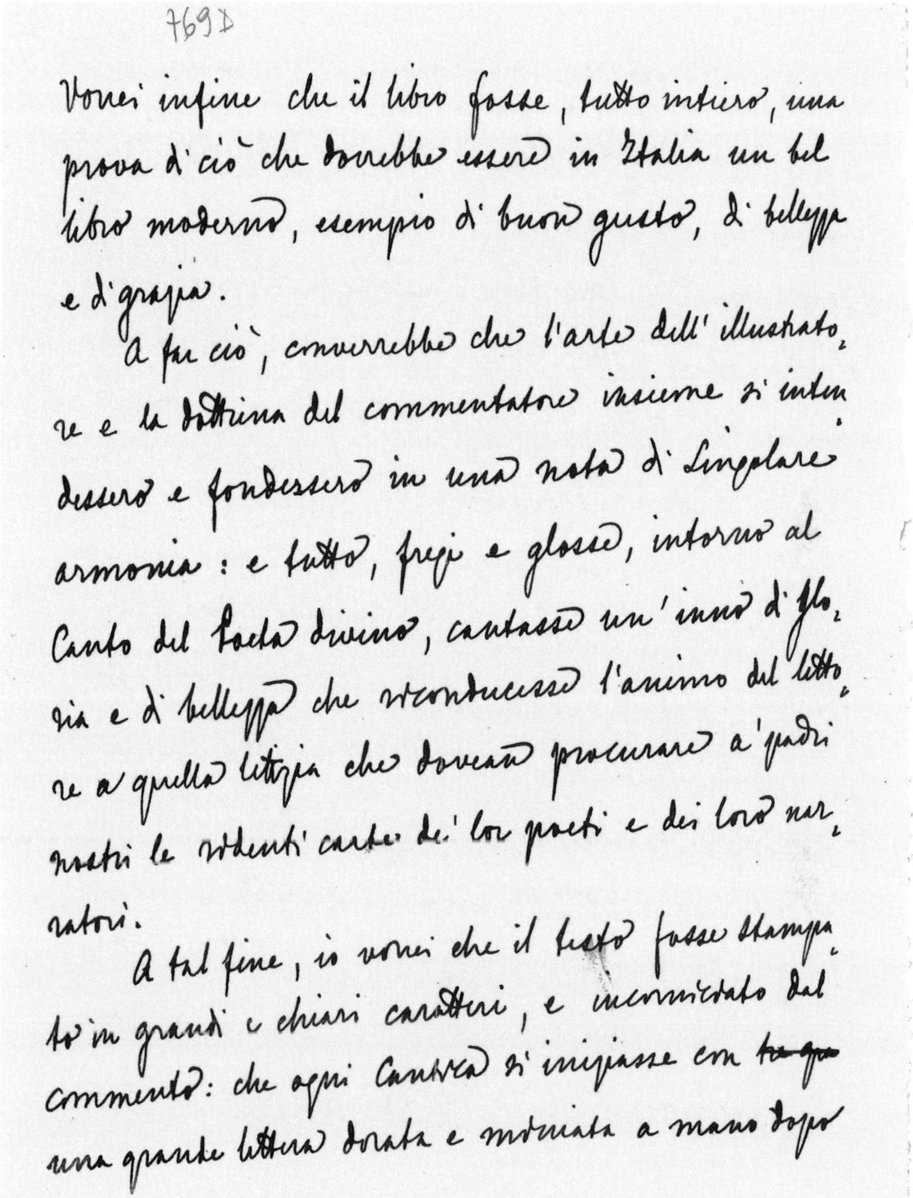

Vorrei infine che il libro fosse, tutto intiero, una
prova di ciò che dovrebbe essere in Italia un bel
libro moderno, esempio di buon gusto, di bellezza
e di grazia.
A far ciò, converrebbe che l'arte dell'illustrato-
re e la dottrina del commentatore insieme si inten-
dessero e fondessero in una nota di singolare
armonia: e tutto, fregi e glosse, intorno al
Canto del Poeta divino, cantasse un'inno di glo-
ria e di bellezza che riconducesse l'animo del letto-
re a quella letizia che doveano procurare a' padri
nostri le ridenti carte de' lor poeti e dei loro nar-
ratori.
A tal fine, io vorrei che il testo fosse stampa-
to in grandi e chiari caratteri, e incorniciato dal
commento: che ogni Cantica si iniziasse con ~~tra~~
una grande lettera dorata e miniata a mano dopo

9

769D

la stampa, e pure a mano, ma senza miniature, fossero colorite, di rosso e di turchino e di verde alternativamente, le prime lettere de' rimanenti 97 Canti. Ogni Cantica avrebbe un giusto numero di silografie a pag. intiera, riproducenti le maggiori figure e rappresentazioni dantesche, e il frontespizio sarebbe incorniciato da una silografia e stampato in rosso e nero. Il rosso entrerebbe pure, con parsimonia però, nel testo del commento, a richiamare l'attenzione de' lettori sulle speciali rubriche: e il libro, con margini vasti, sarebbe stampato in grande carta a mano appositamente fabbricata e filigranata. Nella filigrana dovrebbe recar la leggenda Dantis Comoedia. Leo S. Olschki ed. a. D. MDCCCCIX.

Nel verso del frontespizio sarebbe, in basso, la nota

10

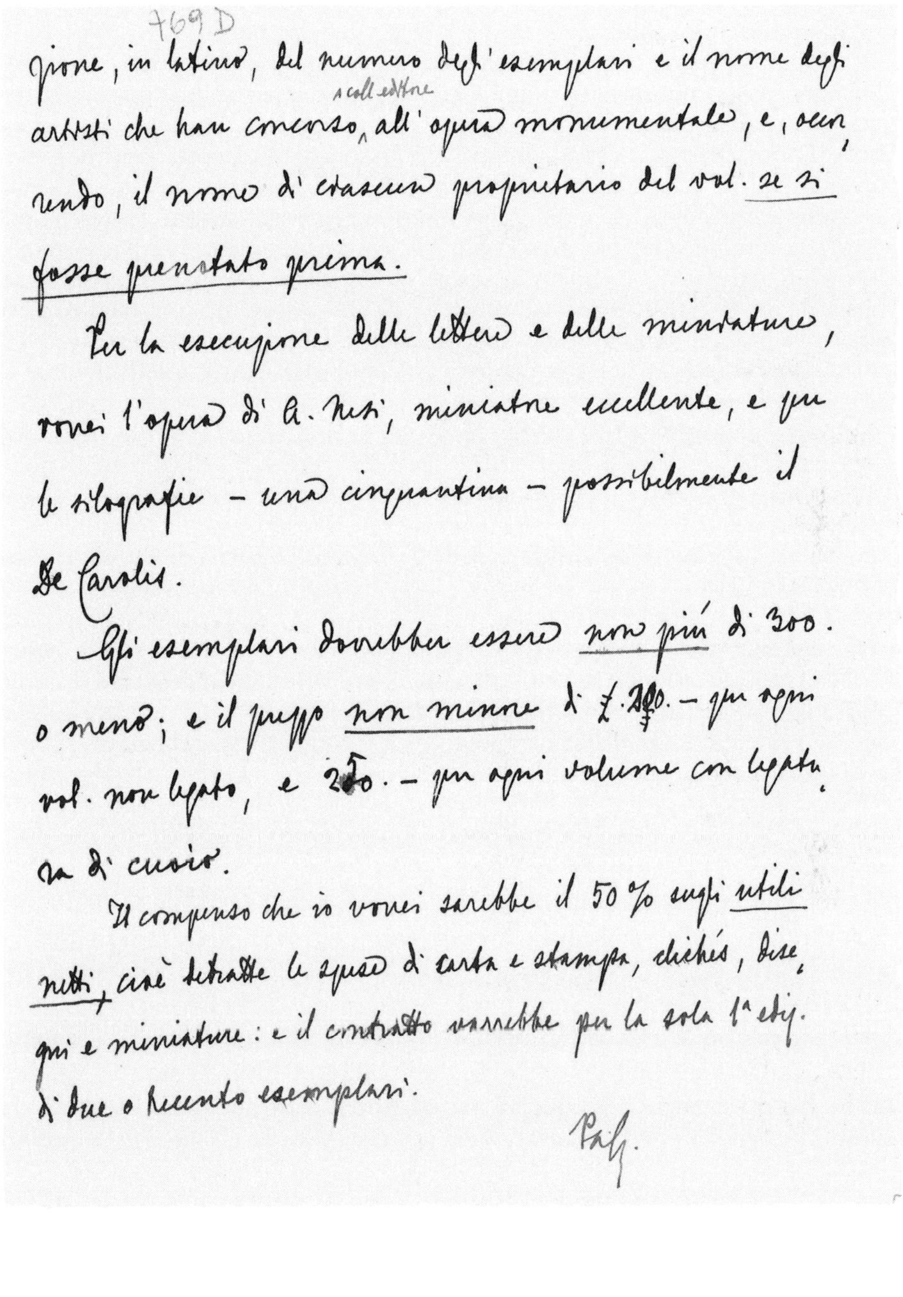

769 D

zione, in latino, del numero degli esemplari e il nome degli artisti che han concorso, e coll'editore, all'opera monumentale, e, occorrendo, il nome di ciascun proprietario del vol. <u>se si fosse prenotato prima.</u>

Per la esecuzione delle lettere e delle miniature, vorrei l'opera di A. Nesi, miniatore eccellente, e per le silografie – una cinquantina – possibilmente il De Carolis.

Gli esemplari dovrebber essere <u>non più</u> di 300. o meno; e il prezzo <u>non minore</u> di £. 200. – per ogni vol. non legato, e 250. – per ogni volume con legatura di cuoio.

Il compenso che io vorrei sarebbe il 50 % sugli <u>utili netti</u>, cioè detratte le spese di carta e stampa, clichés, disegni e miniature: e il contratto varrebbe per la sola 1a ediz. di due o trecento esemplari.

Pasc.

11

di bellezza che riconducesse l'animo del lettore a quella letizia che dovean procurare a' padri nostri le ridenti carte de' lor poeti e dei loro narratori.

A tal fine, io vorrei che il testo fosse stampato in grandi e chiari caratteri, e incorniciato dal commento: che ogni Cantica si iniziasse con una grande lettera dorata e miniata a mano dopo la stampa, e pure a mano, ma senza miniature, fossero colorite, di rosso e di turchino e di verde alternativamente, le prime lettere de[i] rimanenti 97 Canti. Ogni Cantica avrebbe un giusto numero di silografie a pag. intiera, riproducenti le maggiori figure e rappresentazioni dantesche, e il frontespizio sarebbe incorniciato da un[a] silografia e stampato in rosso e nero. Il rosso entrerebbe pure, con parsimonia però, nel testo del commento, a richiamare l'attenzione de' lettori sulle speciali rubriche: e il libro, con margini vasti, sarebbe stampato in grande carta a mano appositamente fabbricata e filigranata. Nella filigrana dovrebbe recar la leggenda Dantis Comoedia. Leo S. Olschki ed. a. D. MDCCCCIX.

Nel verso del frontespizio sarebbe, in basso, la notazione, in latino, del numero degl'esemplari e il nome degli artisti che han concorso coll'editore all'opera monumentale, e, occorrendo, il nome di ciascun proprietario del vol. *se si fosse prenotato prima.*

Per la esecuzione delle lettere e delle miniature, vorrei l'opera di A. Nesi, miniatore eccellente, e per le silografie – una cinquantina – possibilmente il De Carolis.

Gli esemplari dovrebber esser *non più* di 300. o meno; e il prezzo *non minore* di L. 200.- per ogni vol. non legato, e 250.- per ogni volume con legatura di cuoio.

Il compenso che io vorrei sarebbe il 50% sugli *utili netti*, cioè detratte le spese di carta e stampa, clichés, disegni e miniature: e il contratto varrebbe per la sola 1ª ediz. di due o trecento esemplari.

Pass[erini]

Il progetto di Passerini prese forma nel contesto di dantismo diffuso della Firenze di primo Novecento, che vide l'inaugurazione, a opera dello stesso d'Annunzio, della scenografica cattedra neogotica di Orsanmichele,[3] il rilancio delle *Lecturae Dantis* da parte della Società Dantesca Italiana, il concorso bandito dai Fratelli Alinari per l'illustrazione della *Divina Commedia* a cui parteciparono artisti "dannunziani" come Adolfo De Carolis, Giovanni Costetti, Duilio Cambellotti, insieme con Galileo Chini, Armando Spadini, Alberto Zardo e altri.[4] È a questa "modernità" e a questi illustratori che Passerini guardava per far parlare con le immagini la *Commedia*, e quanto

---

[3] M. Fanfani, *Un vocabolarista dannunziano*, pp. 421-427.

[4] *La Commedia dipinta. I concorsi Alinari e il Simbolismo in Toscana*, a cura di Carlo Sisi, Firenze, Alinari, 2002 e anche Dante Alighieri, *La Divina Commedia novamente illustrata da artisti italiani*, 3 voll., Firenze, Alinari, 1902-1903, con le illustrazioni di Alberto Zardo vincitore del concorso del 1901.

al testo adottava la recente lezione stabilita da Giuseppe Vandelli per l'edizione Alinari che rappresentava una precisa scelta di campo nell'ambito della discussione filologica.[5] Nei fatti, però, non furono le xilografie di De Carolis a decorare il volume, ma la scelta cadde su quelle dell'incunabolo veneziano del 3 marzo 1491, riprodotte per l'occasione dagli zincografi milanesi Alfieri e Lacroix. Le miniature di Amedeo Nesi andarono invece a decorare i capilettera, in accordo con le indicazioni di Passerini. Non va dimenticato che all'epoca egli era un collaboratore di primo piano di Olschki sul versante delle iniziative dantesche e che aveva anche intrapreso attività librarie in proprio, ma con risultati tutt'altro che brillanti. Dunque non sorprende che la maniera con cui nel progetto viene delineata la fisionomia dell'impresa definisca tutte le competenze da mettere in campo, comprese quelle imprenditoriali. Alla fine, Passerini ottenne da Olschki un compenso per il commento e la cura editoriale dell'opera,[6] ma che ritenesse questa *Divina Commedia* una "sua" creatura lo testimonia un particolare involontario del manoscritto autografo del *Prospetto*, ossia l'aggiunta in interlinea delle parole *coll'editore* nel contesto della frase «il nome degli artisti che han concorso coll'editore all'opera monumentale»: una dimenticanza e successiva riparazione freudianamente rivelatrici. Certo è che Passerini, oltre a seguire diligentemente il lavoro, operò alcune scelte di fondo, a cominciare dal coinvolgimento di Gabriele d'Annunzio che senza il suo invito e le sue insistenze probabilmente non si sarebbe mai lasciato convincere a scrivere il proemio al Dante monumentale.

[5] Così nell'articolo de «La Bibliofilía», XIV, 4-5, 1912-1913, p. 130: «il testo [...] seguendo, con poche e sagge varianti, la lezione adottata dal prof. Giuseppe Vandelli per la edizione dell'Alinari, cioè la lezione che par finora la migliore, ci dà allo stato dei presenti studi per una edizione critica definitiva del Poema dantesco molto di là da venire, l'ultimo risultamento delle ricerche sui manoscritti».

[6] Se ne tornerà a parlare nell'epilogo della vicenda.

III
UNA RICOSTRUZIONE MONOGENETICA

La collaborazione alla *Divina Commedia* del cinquantenario è un evento ricordato dai biografi di d'Annunzio impegnati nella ricostruzione del periodo che va dall'abbandono della Capponcina di Settignano ai primi anni del soggiorno in Francia. Dell'episodio si sono interessati anche gli studiosi dei rapporti di d'Annunzio con i suoi editori e quei critici che hanno approfondito la componente filologica e letteraria del dantismo dannunziano. La fonte delle informazioni è pressoché sempre la stessa, ovvero la testimonianza offerta da Tom Antongini nei suoi ponderosi volumi del 1938[1] e del 1957.[2] In *Vita segreta di Gabriele d'Annunzio*, una consacrazione del Vate all'indomani della scomparsa, il racconto biografico del fedele ma non propriamente attendibile segretario si fa aneddoto e satira nei confronti della categoria degli editori, con i quali d'Annunzio era solito rapportarsi chiedendo anticipi per opere di là da venire, continuamente procrastinate e a volte neanche realizzate. Di questo comportamento aveva fatto le spese lo stesso Antongini quando aveva cercato di sostituirsi a Treves come editore dannunziano con la fallimentare impresa della Libreria editrice lombarda. Nel caso dantesco in questione, la storia dei silenzi protratti e dei rinvii nella consegna del manoscritto promesso, nonché delle serie difficoltà che il grave ritardo accumulato aveva provocato a Leo Samuel Olschki, è raccontato da Antongini con il tono umoristico di una burla ben orchestrata:

> La più divertente conseguenza di questa concezione finanziaria, la subì l'editore Leone Olscki [*sic*] di Firenze al quale d'Annunzio s'era impegnato, durante il suo soggiorno in Francia, di consegnare una prefazione per una edizione-principe della Divina Commedia.
>
> Abitavamo allora a Versailles. Olscki gli aveva versato, all'atto del contratto, cinquemila lire, prezzo pattuito "a forfait" per la breve prefazione in questione. Per quei tempi (1911) cinquemila lire erano una somma rispettabilissima. Gli altri autori non arrivavano a tanto con due romanzi di 500 pagine.

---

[1] Tom Antongini, *Vita segreta di Gabriele d'Annunzio*, Milano, Mondadori, 1938.

[2] Id., *Quarant'anni con d'Annunzio*, Milano, Mondadori, 1957.

Olscki, da Firenze, insisteva e imprecava per la consegna, e d'Annunzio, secondo il suo solito, lasciava dire e non consegnava nulla. Mi scriveva a Parigi da Versailles: «Sto lavorando con indicibile pena come se avessi tutti i secolari comenti di Dante su lo stomaco».

Alla fine l'editore, stanco di attendere, comparve inopinatamente a Parigi e manifestò subito la sua indignazione con una lettera diretta al Poeta a Versailles, i cui termini sferzanti giungevano sino a parlare di turlupinatura.

Esitai, dopo averla letta, a mostrarla al Poeta, ma dovetti pur finire per consegnargliela. Egli sorrise, rifletté un poco, poi vergò il seguente telegramma ad Olscki: «Fumida collera non si addice sereno umanista».

Per fortuna l'umanista ebbe infatti il sopravvento sull'editore ed Olscki, rabbonito, attese. Ma l'episodio non finì così: il bello venne poi.

Quando finalmente la prefazione fu ultimata, io stesso la portai all'Hôtel Meurice ad Olscki, ma con l'ordine di non consegnargliela che qualora egli avesse aderito al ragionamento seguente, di pretto sapore dannunziano:

«Il Poeta», così dovevo dire, «ha terminato la prefazione che ho portato con me, ma mi proibisce di consegnarvela gratis. Vogliate quindi aver la cortesia di versarmi altre 5000 lire, perché voi stesso comprenderete che, avendo spese le prime per sostentarsi mentre la scriveva, deve pure, poveretto, guadagnare qualche cosa, ora che ve la consegna».

Olscki si volse a me stupito, poi guardò il manoscritto con occhio concupiscente; esalò un profondo sospiro... e firmò un nuovo "chèque" di 5000 lire.

Quando lo portai da d'Annunzio, egli lo intascò, e sapete che cosa mi disse? «Si potrà dire di Olscki quel che si vuole, ma in affari è un uomo correttissimo».[3]

Anche a non voler insistere sull'errore ripetuto nel nome dell'editore, è l'intera ricostruzione della vicenda a lasciare perplessi per i molti dettagli incongrui che vi si colgono alla luce di quello che si conserva negli archivi del Vittoriale e della Casa Editrice. Tanto per cominciare non tornano le date, perché come vedremo d'Annunzio si era impegnato a collaborare nell'autunno del 1909 e la stampa della *Divina Commedia* avrebbe dovuto aver luogo entro l'anno successivo. Non tornano i luoghi, perché il carteggio con Olschki attesta che questi ricevette per posta, presso la sua residenza estiva di Vallombrosa, il manoscritto dannunziano nell'agosto del 1911, mentre a Parigi si era recato nel giugno precedente. Non tornano le cifre, perché l'onorario pattuito inizialmente era di 2.000 lire e l'esborso finale certificato dalla contabilità fu di 7.000 lire[4] (anche se come vedremo la cessione non si chiuse in un'unica fase). Soprattutto non convince la descrizione del "sereno umanista" gabbato e contento, una caricatura restituita con

---

[3] Id., *Vita segreta di Gabriele d'Annunzio*, pp. 706-707.

[4] È quanto riporta il già citato promemoria del 1922.

qualche licenza di troppo dal biografo per far risaltare la grandezza del suo mito e con pochi riguardi per una personalità di rilievo nella cultura nazionale alla quale, di lì a breve, per effetto del Regio decreto del 7 settembre 1938 sulle limitazioni per gli ebrei stranieri, sarebbe stata revocata la cittadinanza italiana e additata la via dell'esilio.[5]

In seguito, su questo episodio Antongini ritornerà in *Quarant'anni con d'Annunzio*, un libro meno condizionato dal clima storico-politico e che questa volta appoggerà la memoria su documenti inediti, tratti per lo più dal carteggio con il poeta. Pubblicando alcuni biglietti che fanno riferimento alla composizione del proemio, Antongini ribadiva la sua versione dei fatti con qualche dettaglio in meno e con una più oggettiva considerazione del ruolo di Olschki:

> Egli era molto in ritardo nella consegna del manoscritto all'editore libraio Leo Samuele Olschki di Firenze, noto per pubblicazioni di alto pregio letterario tra le quali il «Giornale Dantesco».
>
> La prefazione alla *Divina Comedia* il Poeta avrebbe dovuto consegnarla sin dalla primavera del 1910. Non la consegnò invece che alla fine dell'autunno. L'editore infuriato gli aveva, pochi giorni prima, inviato una nuova sollecitazione in termini violenti. D'Annunzio, per nulla scosso, si era accontentato di rispondergli con un telegramma che ho già riportato perché curioso: «Fùmida collera non si addice sereno umanista». E l'Olschki, buona pasta d'uomo e ammiratore sfegatato di d'Annunzio, aveva finito per riderne e aspettare pazientemente che questi esaudisse i suoi desideri. La *Divina Comedia*, nella nuova superba edizione, apparve, credo, al principio del 1911, adorna della tanto sospirata prefazione dannunziana.[6]

Le notizie sono sostanzialmente le stesse di vent'anni prima, compresa la citazione dell'ironico telegramma dannunziano, peraltro non rintracciato nell'archivio della Casa Editrice e del quale al Vittoriale manca la minuta autografa che in genere d'Annunzio affidava al segretario per recarsi all'ufficio postale e dettare "alla lettera" i suoi messaggi.

La ricostruzione decisamente parodica offerta da Antongini è stata accolta e finora riprodotta dagli studiosi di d'Annunzio pressoché *ne varietur*,[7]

---

[5] Leo Samuel Olschki morirà a Ginevra nel 1940. Tra mille difficoltà per i divieti imposti dalle leggi razziali, Roberto Ridolfi ne avrebbe ricordato la figura sul quotidiano di Firenze «La Nazione» (si rinvia al contributo di Daniele Olschki, *I rapporti di Roberto Ridolfi con tre generazioni Olschki, da Leo ad Alessandro*, offerto in occasione del Convegno di studi *Roberto Ridolfi un umanista del XX secolo*, Firenze, 24 novembre 2017, Firenze, Olschki, 2019, pp. 79-87).

[6] T. Antongini, *Quarant'anni con d'Annunzio*, pp. 184-185.

[7] Si veda, come esempio particolarmente significativo, quanto scrive Vito Salierno, *D'Annunzio e i suoi editori*, Milano, Mursia, 1987, p. 132: «[...] d'Annunzio si era impegnato con Leo Olschki di Firenze a consegnargli la prefazione per un'edizione-principe della *Divina Commedia*

ma a risultarne alterata è l'autentica natura del rapporto di fiducia che legò d'Annunzio a Leo Samuel Olschki negli anni fiorentini e poi nella fase molto delicata della messa in liquidazione della Capponcina e della biblioteca che essa conteneva. Anche di questo si parla nella corrispondenza tra i due personaggi e con un registro epistolare tutt'altro che divertito, improntato piuttosto a quel tipo di confidenza che solo una reciproca stima intellettuale può far nascere.

in occasione del cinquantenario dell'unità d'Italia (1911): a tale scopo l'editore gli aveva versato anticipatamente le cinquemila lire del prezzo pattuito "a forfait". L'opera, in 306 esemplari, con le cento xilografie dell'edizione veneziana del 3 marzo 1491, era in stampa, ma la prefazione tardava a venire. Stanco di attendere Leo Olschki scrisse al poeta una lettera indignata; ma d'Annunzio senza scomporsi gli rispose con un telegramma: "Fumida collera non si addice sereno umanista". Calmatosi, Olschki attese; pronta finalmente la prefazione, l'editore si recò di persona a Parigi per ritirare il tanto sospirato scritto. Quale non fu il suo stupore quando Tom Antongini, che aveva avuto l'incarico di consegnargli il testo, gli comunicò la decisione di d'Annunzio: "Il poeta ha terminato la prefazione che ho portato con me, ma mi proibisce di consegnarvela gratis. Vogliate quindi avere la cortesia di versarmi altre 5.000 lire, perché voi stesso comprenderete che, avendo spese le prime per sostentarsi mentre la scriveva, deve pure, poveretto, guadagnare qualche cosa, ora che ve la consegna". E Olschki si adattò a firmare un altro assegno di cinquemila lire». Solo un sintetico accenno alla questione si legge, invece, in Piero Chiara, *Vita di Gabriele D'Annunzio*, Milano, Mondadori, 1978, p. 228, dove si parla delle prime *Faville del maglio* apparse sul «Corriere della Sera» nel 1911: «Lavorò anche a una prefazione per la *Divina Commedia* che l'editore Leo S. Olschki gli aveva commissionato da un anno e che finì col costargli diecimila lire, perché dovette pagarla due volte».

IV
PASSERINI INVITA D'ANNUNZIO

I carteggi intrattenuti da d'Annunzio con Olschki e Passerini, opportunamente incrociati con fonti d'archivio note e meno note e con lettere di altri corrispondenti, gettano luce sulla cronologia e sugli aspetti pubblici e privati della collaborazione del poeta all'edizione monumentale della *Divina Commedia*. L'invito gli era stato rivolto da Passerini nel luglio 1909, quando ancora il direttore della Medicea Laurenziana, in contatto con d'Annunzio per questioni di studio e per la ricerca di libri, pensava di realizzare il progetto dantesco con l'editore Hoepli. Il tono della lettera di Passerini del 12 luglio è più che confidenziale: nella parte iniziale il conte accenna a una questione legale nella quale aveva rimesso 3.000 lire per non danneggiare un'amica di d'Annunzio, e di conseguenza gli chiedeva di voler almeno partecipare alle spese della causa. Passerini fa riferimento alle «continue angustie» in cui si trova a causa delle «enormi perdite» subite per l'andamento disastroso dell'officina tipolitografica editrice che aveva impiantato a Prato con il fratello Silvio,[1] ed è assai probabile che le difficoltà economiche abbiano avuto un ruolo nell'iniziativa della stampa della *Divina Commedia*, che è il secondo oggetto della missiva:

> L'altra cosa che ti chiedeva era questa, che è anche urgentissima: Sto facendo, per la Casa Hoepli, una ediz. di Dante magnifica, in gran foglio, con riproduzioni di antiche silografie e con le lettere iniziali delle Cantiche miniate a mano da un esperto miniatore fiorentino, sul gusto de' codici Laurenziani. La Divina Commedia avrà un mio apparato per questa edizione, e sarà dedicata al Re. Sarà pubblicata in edizione *privata*, di pochi esemplari, ed uscirà l'anno venturo. Ogni esemplare recherà, pur miniato, nel verso del foglio di guardia, l'ex libris, lo stemma o la impresa del possessore. Sarà una cosa, io spero, magnifica e veramente degna sotto ogni aspetto.
>
> Il Poema dovrà essere preceduto da una *breve* vita Dantis. Ora io vorrei che questa vita la facesse Gabriele d'Annunzio. Consenti? Se sì, occorre che io lo sap-

[1] F. Cristelli, *Giuseppe Lando Passerini*, p. 110.

pia subito, perché debbo annunziarlo nei manifesti di sottoscrizione, che la Casa editrice Hoepli deve diramare d'urgenza. Si intende che questa vita potrai darla con tutto il tuo agio, su' primi dell'anno venturo, e che ne avrai in compenso un esemplare del libro con il tuo motto miniato e un migliaio di lire. Ma occorre che io sappia *sùbito* se consenti che ponga il tuo nome, perché fra poco è necessario che i manifesti siano stampati.[2] (Fig. 12)

Dopo ripetuti tentativi a Marina di Pisa, dove d'Annunzio si era stabilito per allontanarsi dalla Capponcina e dove anche Passerini soggiornava con la famiglia, finalmente la lettera sopra citata aveva raggiunto il poeta a Roma. D'Annunzio dovette rispondere prontamente e affermativamente tramite il fidato Tenneroni, stando alla missiva seguente del 15 luglio di Passerini:

Annibale Tenneroni mi scrive che tu accetti di scriver la breve «Vita Dantis» per la mia edizione monumentale della «Divina Commedia», purché il Treves non si opponga. Non credo che egli possa aver danno di questa concessione, perché l'edizione mia è *privata*, cioè fatta per sottoscrizioni, e non andrà certamente più in là de' duecento o duecentocinquanta esemplari. Ma – come mi pare di averti scritto – la tua decisione deve essere sollecita, perché io debbo mettere il tuo nome nei manifesti per la sottoscrizione, che sono già preparati; e non si attende che la tua autorizzazione esplicita e sicura, per metterli in circolazione; né mi sarebbe possibile, – come intendi, – promettere una cosa e poi non mantenerla. Se dunque credi di poter contentarmi, senza ledere i diritti del Treves, o appena consultato Treves, rimandami qua, sottoscritta, l'unita dichiarazione al più presto possibile. Non ricevendola, o nulla sapendo da te in proposito, *fino al 25 corr.*, sarà segno che tu non vuoi o non puoi, e manderò via i manifesti senza il tuo nome. [...]

P.S. Si intende che appena ricevo la tua obbligazione firmata pel Dante, io ti manderò la obbligazione mia.[3]

Questo è il testo dell'impegno che d'Annunzio avrebbe dovuto sottoscrivere:

Marina di Pisa [...] luglio, 1909.

Il sottoscritto, accogliendo l'offerta di G.L. Passerini di scrivere una breve «Vita di Dante» da pubblicarsi in fronte all'opera intitolata: «La Divina Commedia di Dante Alighieri eccellentissimo poeta fiorentino con il commento di G.L. Passerini», promette di consegnare il manoscritto di questa «Vita» a G.L. Passerini entro il mese di maggio 1910.

---

2 ArV, AG, *Passerini G. Lando*, XXVII, 2, lettera datata 12 luglio 1909. Delle lettere di Passerini, spesso lunghe a articolate, si riportano i brani di interesse per la vicenda che stiamo ricostruendo.

3 ArV, AG, *Passerini G. Lando*, XXVII, 2, lettera datata 15 luglio 1909, su carta intestata «R. Biblioteca Mediceo Laurenziana Firenze».

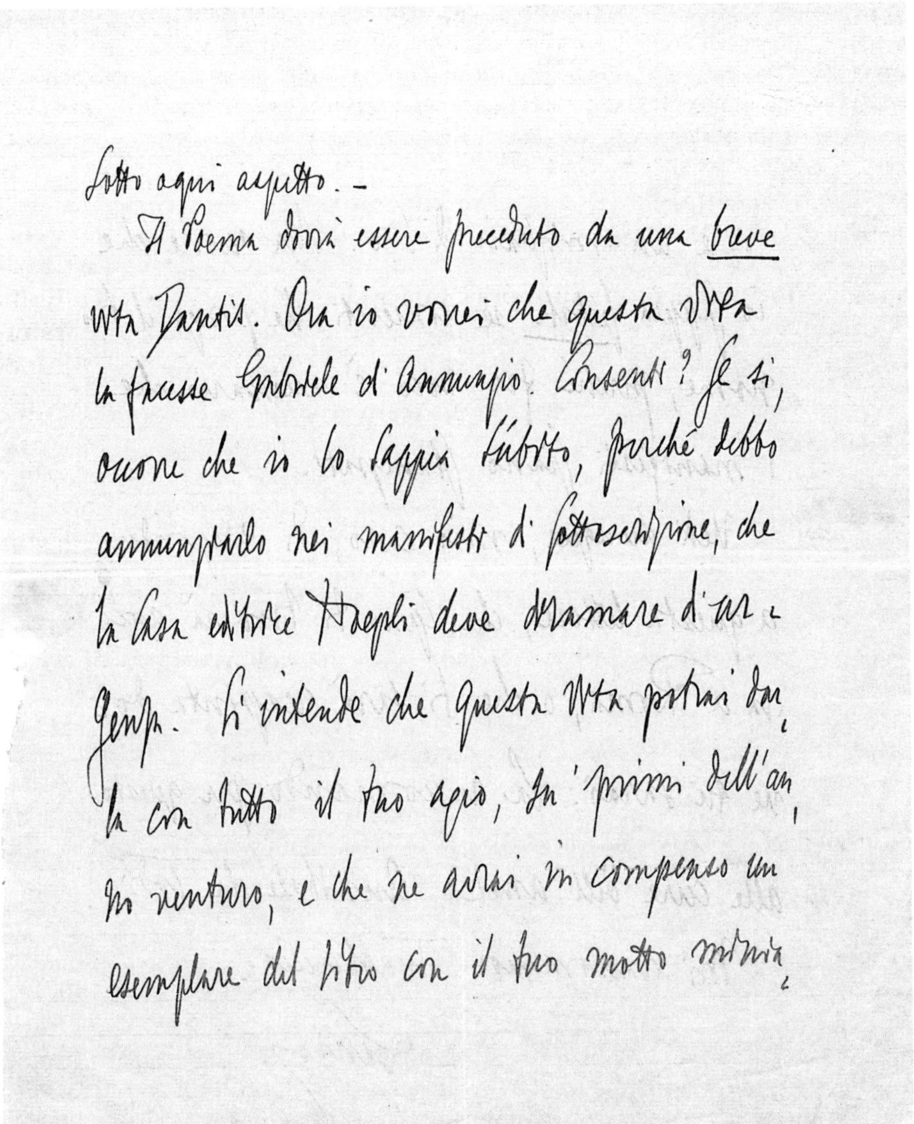
sotto ogni aspetto. –
Il Poema dovrà essere preceduto da una breve
vita Dantis. Ora io vorrei che questa vita
la facesse Gabriele d'Annunzio. Consente? Se sì,
occorre che io lo sappia subito, perché debbo
annunziarlo nei manifesti di sottoscrizione, che
la Casa editrice Hoepli deve diramare d'ur-
genza. Si intende che questa vita potrai far-
la con tutto il tuo agio, ne' primi dell'an-
no venturo, e che ne avrai in compenso un
esemplare del libro con il tuo motto minia-

Fig. 12. Lettera di Giuseppe Lando Passerini a Gabriele d'Annunzio, 12 luglio 1909, particolare (Archivio del Vittoriale).

In compenso di questo lavoro, l'Autore riceverà dal Passerini la somma di Cinquecento lire all'atto della consegna del manoscritto, e, alla pubblicazione di esso altre lire Cinquecento, insieme con un esemplare della «Divina Commedia» con inziali miniate al principio delle tre Cantiche, con ex libris di Gabriele d'Annunzio anche miniato nel foglio di guardia e la rilegatura in cuoio.

D'Annunzio non rinviò a Passerini il documento firmato, perché nelle settimane successive le trattative per l'edizione dantesca presero un'altra direzione.

V
L'INGRESSO DI OLSCHKI NELLA TRATTATIVA

Passata l'estate, i carteggi del Vittoriale restituiscono uno scenario diverso, in cui al milanese Ulrico Hoepli, editore di quella *Commedia* che per più lungo tempo fu tra le mani di d'Annunzio,[1] si era sostituito Leo Samuel Olschki, il quale proprio allora fondava a Firenze la tipografia Giuntina per avviarvi quella cultura tipografica che avrebbe portato alla realizzazione di grandi opere della Libreria editrice. Il 28 settembre «La Stampa» di Torino annunciava il progetto in un breve trafiletto che dava risalto all'impresa dell'editore e alla collaborazione del poeta,[2] e d'Annunzio si lasciava sfuggire un commento in qualche modo premonitore: «Da gran tempo avevo in animo di scrivere una vita breve di Dante: compito difficilissimo. Spero di trovare l'ora di grazia».[3]

Olschki intanto lavorava con Passerini alla definizione dei termini dell'incarico e il 13 ottobre prendeva ufficialmente contatto con d'Annunzio:

Illustre amico,

La ringrazio infinitamente d'aver accettato di scrivere per l'edizione monumentale di Dante ch'io sto preparando la vita del divino poeta e per regolarità mi permetto di riassumere le condizioni convenute col Conte G.L. Passerini.

Alla consegna del Suo manoscritto ch'io attendo per il principio di dicembre p.v., mi farò un dovere di rimetterLe mille Lire e dopo la riconsegna della vita stampata munita della Sua firma autografa, riceverà altrettanto. Ci tengo assaissi-

---

1 *La Divina Commedia riveduta nel testo e commentata da G.A. Scartazzini, quinta edizione curata da G. Vandelli, col rimario perfezionato di L. Polacco e Indice dei nomi proprii e di cose notabili*, Milano, Ulrico Hoepli, 1907. È il «Dante scolastico» della biblioteca del Vittoriale sul quale d'Annunzio appose fitte chiose: nelle antiporte, nel frontespizio, nei margini del testo. Il *colophon* contiene la *Pasquinata* contro Hitler.

2 Vi si legge, tra le *Varie*: «La Casa editrice Olschki, di Firenze, ha assunto la pubblicazione di una edizione monumentale della *Divina Commedia*, che dovrà essere pronta tra la primavera e l'autunno dell'anno prossimo. L'opera, già in preparazione, sotto la direzione del conte G.L. Passerini, che curerà la correzione del testo e l'accompagnerà con un suo largo commento, sarà preceduta da una vita lapidaria di Dante, scritta da Gabriele d'Annunzio [...]».

3 Si legge in una lettera al genero di Marco Besso, Alberto Lumbroso, che reca incollato il ritaglio della «Stampa» con l'annuncio dell'edizione (ASFMB, Tit. XIV, *Fondo Alberto Lumbroso, Corrispondenza*).

mo che il prezioso Suo autografo orni il volume; per salvarsi dal temuto crampo degli scrittori potrà firmare le trecento copie a varie riprese.

Oltre quest'onorario riceverà, come ben s'intende, un esemplare sontuosamente legato del volume e finalmente considererò anche come saldato il Suo vecchio conto. Voglio sperare che tutto ciò sarà di piena Sua soddisfazione. Non so come mai Ella abbia avuto dalla mia casa dei conti, mentr'io aveva ordinato al mio contabile di non mandarglieli né per i libri né per *La Bibliofilía*. Quest'ultima Le viene regolarmente inviata come omaggio ed anche un poco perché Ella gentilmente mi promise un Suo scritto per la Rivista che, spero, mi perverrà fra non molto.

Sotto fascia mi pregio spedirLe un lavoretto del mio Leonardo che sta bene come docente all'Università di Heidelberg dove ha fatto ritorno or ora dopo d'aver passato alcune settimane nella mia casa alpestre di Vallombrosa.

Abbia la cortesía di favorirmi d'un Suo preg. cenno di risposta e mi creda sempre con affettuosa amicizia ed ammirazione

Suo dev. obb.

Leo S. Olschki[4]

In base al contenuto di questa lettera (Figg. 13-14), si può cominciare a porre qualche punto fermo circa i tempi e i modi della collaborazione così come era stata prevista all'avvio dell'attività: 1) d'Annunzio avrebbe dovuto scrivere una "Vita di Dante" in luogo del proemio; 2) la consegna del testo era richiesta per i primi di dicembre del 1909; 3) il compenso pattuito era di 2.000 lire, oltre all'omaggio di una copia del volume e la rimessa del debito maturato dal poeta con la Libreria antiquaria; 4) ognuna delle trecento copie sarebbe stata autenticata da d'Annunzio con la propria firma autografa.

La lettera accenna poi a questioni familiari che troviamo ricordate in precedenza nel carteggio tra i due corrispondenti[5] e che ritorneranno an-

---

4 ArV, AG, *Olschki Leo S.*, XXXIX, 2, lettera su carta intestata «Comm. Leo S. Olschki Firenze», con datazione apografa a matita «13 Ott.^{bre} 09» (di seguito, nella riproduzione degli autografi olschkiani, si omettono le formule di apertura e di chiusura, pressoché sempre identiche).

5 Alcune informazioni trovano riscontro in quanto si legge in una missiva di d'Annunzio risalente al 25 maggio 1906, conservata in ArO, *Carteggio Olschki* e riprodotta da C. Tagliaferri, *La libreria antiquaria editrice*, pp. 101-103: «Mio caro Commendatore, / grazie della cortesissima lettera. Ho cercato il fascicolo della *Bibliografia* [ma "La Bibliofilía"] per rileggere la prosa del Suo valoroso figliuolo, ma nella confusione del riordinamento non ho potuto trovarlo. Però mi resta nella memoria la lucidità e la snellezza elegante di quella breve scrittura, nutrita di forte sostanza. Credo che lo studioso giovine manterrà largamente quel che promette. Fin d'ora egli conosce un'arte ormai inconsueta: quella di temperare l'austera dottrina col gusto delle buone lettere. / Ben volentieri io scriverò qualche pagina per la Sua mirabile rivista. Le prometto una prosa di bibliofilo, anzi di bibliomane: *Dell'amore dei libri*. Verrò – fra breve – superando l'orrore dell'abisso in fondo a cui canta la sirena dei codici e degli incunabuli – verrò a farLe una visita... rovinosa. / S'abbia i miei saluti più cordiali. Gabriele d'Annunzio». Quanto al «vecchio conto», si riferisce ai dispendiosi acquisti di d'Annunzio presso la Libreria antiquaria di Olschki, che insieme a Tammaro De Marinis gli fornì negli anni fiorentini le edizioni rare per la biblioteca della Capponcina.

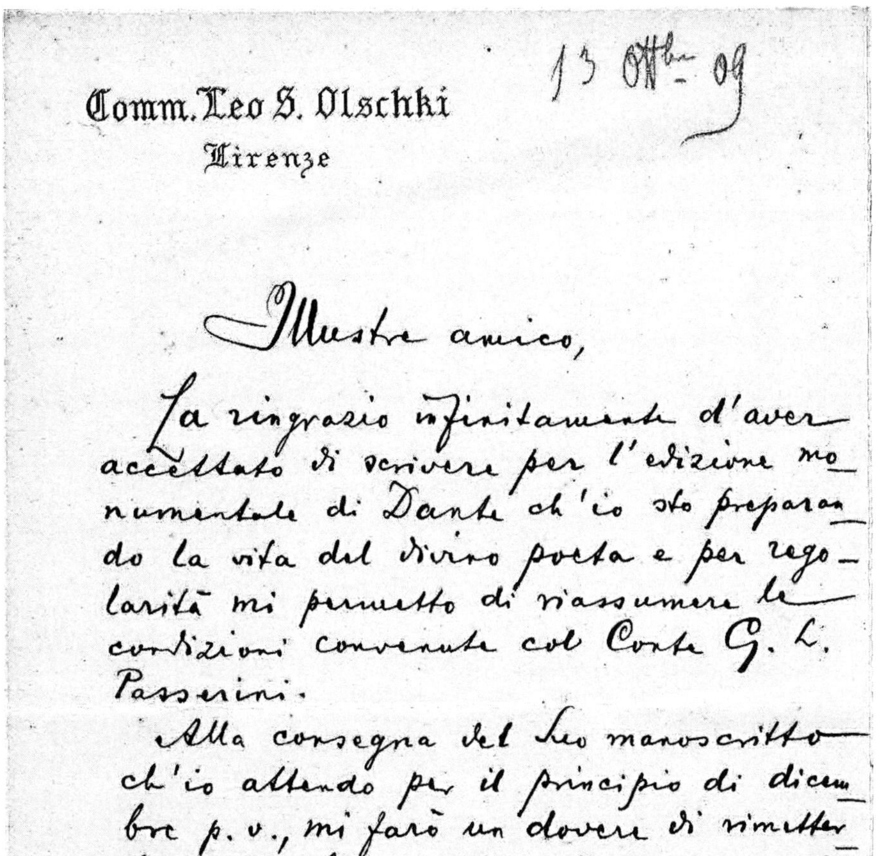

Comm. Leo S. Olschki
Firenze

13 Ott.bre 09

Illustre amico,

La ringrazio infinitamente d'aver accettato di scrivere per l'edizione monumentale di Dante ch'io sto preparando la vita del divino poeta e per regolarità mi permetto di riassumere le condizioni convenute col Conte G. L. Passerini.

Alla consegna del Suo manoscritto ch'io attendo per il principio di dicembre p. v., mi farò un dovere di rimetterLe mille lire e dopo la riconsegna della vita stampata munita della Sua firma autografa, riceverà altrettanto. Ci tengo assaissimo che il prezioso suo autografo orni il volume; per salvarsi dal temuto crampo degli scrittori potrà firmare le trecento copie a varie riprese.

Oltre quest'onorario riceverà, come

13

Figg. 13-14. Lettera di Leo Samuel Olschki a Gabriele d'Annunzio, 13 ottobre 1909 (Archivio del Vittoriale).

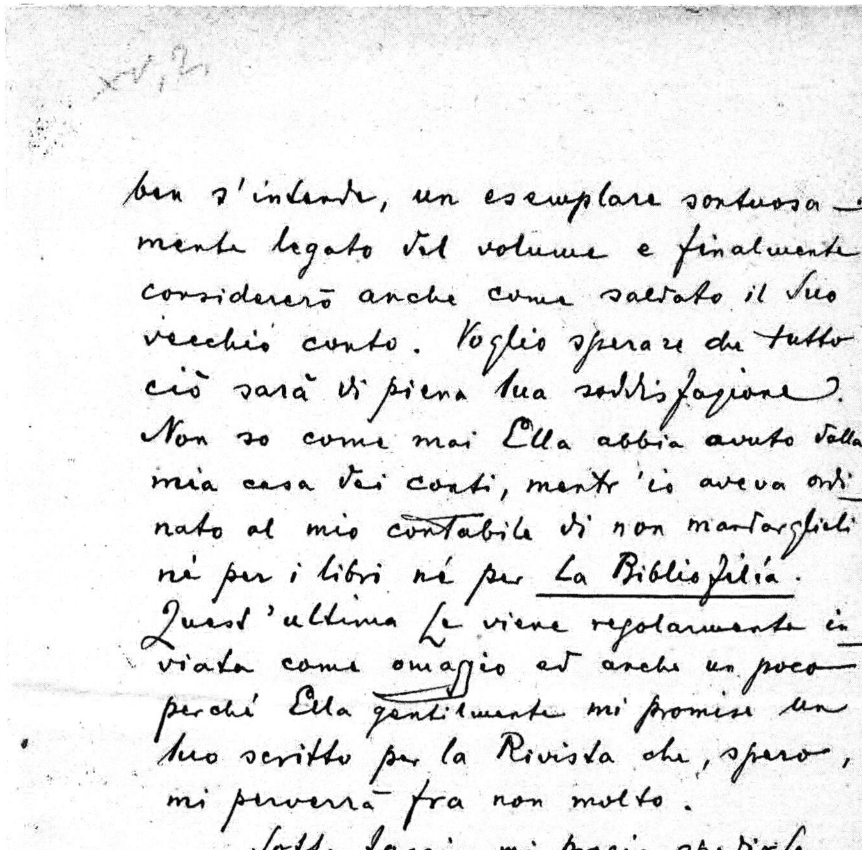
ben s'intende, un esemplare sontuosamente legato del volume e finalmente considererò anche come saldato il Suo vecchio conto. Voglio sperare che tutto ciò sarà di piena Sua soddisfazione. Non so come mai Ella abbia avuto dalla mia casa dei conti, mentr'io aveva ordinato al mio contabile di non mandarglieli né per i libri né per La Bibliofilía. Quest'ultima Le viene regolarmente inviata come omaggio ed anche un poco perché Ella gentilmente mi promise un Suo scritto per la Rivista che, spero, mi perverrà fra non molto.

Sotto fascia mi pregio spedirLe un lavoretto del mio Leonardo che sta bene come docente all'Università di Heidelberg dove ha fatto ritorno or ora dopo d'aver passato alcune settimane nella mia casa alpestre di Vallombrosa.

Abbia la cortesia di favorirmi d'un Suo preg. cenno di risposta e mi creda sempre con affettuosa amicizia ed ammirazione

Suo dev. obb.

Leo S. Olschki

che in seguito, a testimonianza di una confidenza che se non è di pari grado rispetto al "tu" di d'Annunzio con Passerini, certo non può dirsi quella propria di un rapporto meramente professionale. Tra parentesi, nell'estate del 1906 d'Annunzio aveva goduto dell'ospitalità di Olschki nella villa del Saltino, la residenza di famiglia a Vallombrosa. L'editore lo aveva cordialmente ricevuto insieme con Annibale Tenneroni, esperto bibliotecario della Nazionale di Roma,[6] e poiché d'Annunzio aveva lasciato l'ospite senza il dovuto congedo, aveva avuto il riguardo di ringraziarlo per scritto, con parole di cordiale ammirazione vergate con l'usuale grafia a grandi caratteri su una carta chiaramente non viaggiata e che si conserva inedita nell'Archivio della Casa Editrice (Figg. 15-17):

> Ospite flavo, debbo partire! Non ho alcun altro mezzo per trovarmi domattina a Firenze.
>
> Grazie delle belle ore ch'Ella mi ha donate nella Sua casa alpestre, e dei deliziosi cibi offerti al corpo e all'anima!
>
> Si può dire a Lei come all'antico Vatia: «Tu solus scis vivere».
>
> Spero di rivedere presto il pensoso Leonardo, che già considero come un amico.
>
> Bacio le mani alla signora gentilissima, le mani che sanno operare i tenui prodigi del filo. Tutto intorno a Lei vive, sorride, opera fervidamente. Oh beato!
>
> Lascio il cuore tra le pagine dell'Esopo; e fuggo. A rivederci.
>
> Il Suo
>
> Gabriele d'Annunzio
>
> Giovedì. Le raccomando Jacopone, e la bottega romana. Ave[7]

Tornando alle trattative per la *Divina Commedia*, si può dire che fin da subito abbia avuto inizio la serie infinita dei silenzi, da una parte, e degli inviti a rispettare gli impegni, dall'altra, che costituisce il *leitmotiv* di questa corrispondenza e più in generale dei rapporti professionali di d'Annunzio.

---

[6] Lo si desume dal seguente biglietto del 24 agosto 1906. «Grazie infinite della cortese sua d'ieri che mi ha procurato molto piacere. Sarò ben lieto ed onorato della visita e più ancora se vorrà degnarsi d'accettare l'ospitalità della mia modesta ed umile casa. Vedrò ed ospiterò pure assai volentieri l'amico Tenneroni, al quale ricambio di cuore i saluti. / Mio figlio Leonardo reduce dall'università di Heidelberg desidera esserLe ricordato. / Abbia la cortesìa d'indicarmi giorno ed ora del Loro arrivo affinché io Le venga incontro, ed intanto riceva i miei più rispettosi e sinceri saluti» (ArV, AG, *Olschki Leo S.*, XXXIX, 2, su carta intestata «Per telegrammi: Olschki Saltino»).

[7] ArO, *Carteggio Olschki*, corrispondente d'Annunzio, lettera senza data, ma riferibile al 1906 per l'accenno a «Jacopone», ossia il volume *Le "laude" e Jacopone da Todi nel VI Centenario della sua morte*, Roma, [s.n.], 1906, dato alle stampe da Annibale Tenneroni, che aveva fatto parte del Comitato organizzatore delle celebrazioni. Copia della lettera si trova in ArV, AP, fascicolo *Olschki Leo S.*, inv. 28986.

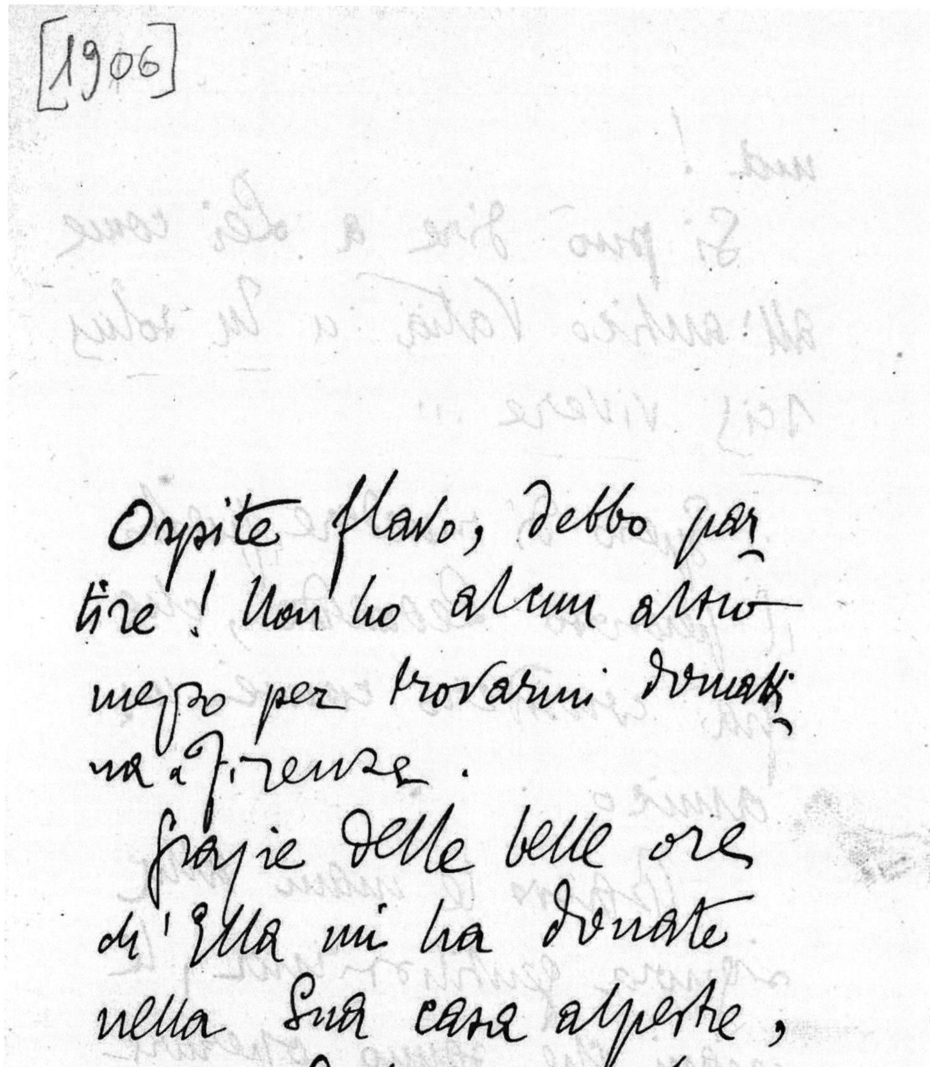
[1906]

Ospite flavo, debbo partire! Non ho alcun altro mezzo per trovarmi domani a Firenze.

Grazie delle belle ore ch'Ella mi ha donate nella Sua casa aperta, e dei deliziosi cibi offerti al corpo e all'ani

15

Figg. 15-17. Lettera di Gabriele d'Annunzio a Leo Samuel Olschki, s.d. [ma 1906] (Archivio Casa Editrice Leo S. Olschki).

ria!

Si può dire a Lei come all'antico Vatia: «*Tu solus scis vivere*...»

Spero di rivedere presto il pensoso Leonardo, che già considero come un amico.

Bacio le mani alla signora gentilissima, le mani che sanno operare i tenui prodigi del filo

Tutto intorno a Lei
vive, sorride e opera
fervidamente. Oh
beato!

Lascio il cuore
tra le pagine dell'Esopo;
e fuggo. A rivederci!

Il Suo
Gabriele d'Annunzio

Giovedì. Le raccomando
Jacopone, e la
bottega romana.
Ave.

17

Il 3 novembre Olschki gli scriveva a Marina di Pisa, insistendo per una formalizzazione anche minima dell'incarico, e ancorché privo di riscontri confermava comunque tutti i punti già discussi, aspettando «un rigo di risposta impegnativa». Aggiungeva: «Ho pronto il manifesto per l'edizione monumentale di Dante, ma prima di diramarlo desidero aver la gentile Sua risposta affermativa tanto più ch'io assumo di fronte al pubblico un impegno al momento della pubblicazione del manifesto». Pur dichiarandosi «certissimo» della «preziosa promessa», desiderava averne «conferma in iscritto», essendogli ben chiaro il rischio a cui si stava esponendo.[8] Il giorno seguente, a quelle dell'editore si erano unite anche le raccomandazioni di Passerini, che ribadiva: «Sarebbe necessaria una tua lettera di conferma all'amico Olschki, che è un po' turbato perché sperava in una tua risposta, anche per regolarità editoriale. Vedi di farlo, ti prego».[9] Non ottenendo riscontro, Passerini aveva sollecitato a interessarsene Rocco Pesce, cameriere di d'Annunzio dal 1895 al 1910 e «guardiano del suo lavoro»,[10] sempre vicino al poeta negli spostamenti attraverso le sue varie residenze.[11] Finalmente, l'11 novembre giunse a Firenze un telegramma di accettazione della proposta, non conservato ma a cui si fa riferimento nel documento dattiloscritto di impegno formale che Olschki fece pervenire a d'Annunzio e di cui resta una copia non firmata tra le carte del Vittoriale:

> Confermo il telegramma da me sottoscritto diretto il dì 11 novembre '09 da Marina di Pisa al comm. Leo S. Olschki libraio editore in Firenze, col quale mi obbligo contro lo stabilito compenso di Lire italiane Duemila e le altre formalità convenute in una lettera inviatami dall'editore in data 13 ottobre 1909, di scrivere una Vita di Dante per la monumentale edizione della «Divina Commedia» che il comm. L. S. Olschki sta producendo.

---

8 ArV, AG, *Olschki Leo S.*, XXXIX, 2, lettera su carta intestata «Comm. Leo S. Olschki Firenze».

9 ArV, AG, *Passerini G. Lando*, XXVII, 2, lettera da Firenze datata 4 novembre [1909].

10 Filippo Masci, *La vita e le opere di Gabriele d'Annunzio in un indice cronologico e analitico*, Roma, Alere Flammam, 1950, p. 123. Antongini, che conobbe Rocco Pesce di persona, lo descrive come «il più fedele, il più devoto e il più intrattabile servitore del Maestro, l'uomo che conobbe ora per ora i segreti della vita di d'Annunzio durante più di quindici anni e soprattutto il vero stato delle finanze del padrone; il che lo costrinse spesso a divenire suo sovventore e a prestargli qualche volta, al primo del mese, lo stipendio che aveva percepito il trenta del mese precedente» (T. Antongini, *Vita segreta di Gabriele d'Annunzio*, p. 305).

11 «L'editore Olschki aspetta necessariamente da Gabriele una risposta alle lettere che gli ha scritte. Occorre che egli confermi la promessa di scrivere la Vita di Dante, secondo le nostre intese, e dica francamente se possiamo o no contarci, perché dobbiamo pubblicare il Manifesto dell'opera. Poiché a me Gabriele non risponde, mi rivolgo a te. Pregalo di scrivere una riga all'Olschki, e tu fa sapere a me qualche cosa sùbito, per mia quiete» (ArV, AG, *Passerini G. Lando*, XXVII, 2, lettera a Rocco Pesce da Firenze, 7 novembre 1909).

Mi obbligo inoltre di consegnare al comm. Leo S. Olschki o, per esso, al conte G.L. Passerini, il Ms della predetta Vita di Dante entro il Gennaio 1909.[12]

Nel testo, il mese di gennaio è indicato a penna nello spazio lasciato in bianco, ma non è stato corretto l'anno, che resta dunque incongruamente il 1909. Ciò significa che all'atto di sottoscrivere l'impegno già si registrava un primo, ancorché minimo slittamento nei tempi di consegna. D'altra parte, quel contratto dattiloscritto era stato sottoposto alla firma di d'Annunzio solo il 14 dicembre tramite Passerini, il quale si era trovato a fare le veci di Olschki che era appena salpato per il suo primo giro d'affari negli Stati Uniti d'America, presso quei collezionisti e quelle biblioteche di cui negli anni sarebbe divenuto un fondamentale referente per l'antiquariato librario:[13]

Caro Gabriele,
l'amico Olschki, prima di partire per l'America, mi lasciò la carta che qui ti mando, perché io te la recassi e facessi sottoscrivere. Non potendo ora recarmi io a Marina, profitto della venuta costà del Direttore della Libreria Olschki, sign. Nello Mori, al quale puoi riconsegnarla, firmata. Sentirai anche dal sign. Mori che la Casa Treves ha scritto alla Casa Olschki, autorizzandola a pubblicar la tua «Vita Dantis» per la grande ediz. del *Dante*. Metti tu la data precisa della consegna del tuo ms. che verrò a prender io, portandoti il pattuito compenso.[14]

Parallelamente, Passerini dava istruzioni al *factotum* di d'Annunzio affinché l'emissario della Libreria, nella persona del gerente responsabile Nello Mori, fosse ricevuto e potesse ottenere dall'autore un impegno certo.[15] Ma che Mori abbia avuto successo in questa operazione è tutt'altro che scontato, anzi è più probabile che la trattativa si sia arrestata sulla soglia della firma del contratto e sia rimasta a livello di una promessa formale, che è ciò a cui si fa riferimento nelle prime lettere dell'anno seguente.[16]

Nel frattempo, il manifesto dell'edizione monumentale era stato diffuso (Fig. 18) e i giornali avevano riportato la notizia, come segnala una

---

[12] ArV, AG, *Olschki Leo S.*, XXXIX, 2, dattiloscritto non datato, su carta intestata della Libreria antiquaria e de «La Bibliofilía».

[13] C. Tagliaferri, *La libreria antiquaria editrice*, p. 92.

[14] ArV, AG, *Olschki Leo S.*, XXXIX, 2, lettera del 14 dicembre 1909 su carta intestata «Leo S. Olschki» e «La Bibliofilía».

[15] «Caro Rocco, il Sign. Nello Mori, direttore della Libreria Olschki, si reca a Marina per parlare con Gabriele, per sapere quando egli potrà consegnarci il manoscritto della *Vita di Dante*. Raccomando a te la cosa. Vedi di fare in modo che il Sign. Mori possa parlare con Gabriele. Grazie» (ArV, AG, *Olschki Leo S.*, XXXIX, 2. La lettera ha la stessa data della precedente ed è scritta su analoga carta intestata).

[16] Si vedano, più oltre, le lettere di Passerini a d'Annunzio dell'11 e del 19 gennaio 1910.

La Comedia del divino Dante Allighieri da Firenze con la esposizione di Giuseppe Lando Passerini da Cortona

e con un proemio di

Gabriele d'Annunzio

ÉDITION MONUMENTALE

DÉDIÉE À SA MAJESTÉ LE ROI D'ITALIE

édition à laquelle la Jury de **l'Exposition internationale de Turin** vient d'adjuger **la Grande Médaille d'Or.**

Tirée à 300 exemplaires numérotés, sur papier de luxe, avec le portrait du poète et la marque de l'éditeur en filigrane, 2 ff. n. ch., X et 524 pp. ch. grand in-folio, avec les 101 gravures de l'édition vénitienne du mars de 1491. Reliure de luxe, veau plein, ornements à froid, avec le portrait du poète et la marque de l'éditeur en médaillon, 8 coins et 2 fermoirs en bronze ciselé, tête dorée . . . . 600 fr.

Il a été tiré de cette édition 6 exemplaires sur vélin avec les lettres initiales et les armoiries du souscripteur enluminées. Même reliure, sauf la garniture qui est d'argent massif au lieu de bronze. 3000 fr.

ÉPUISÉE

Le Prospectus avec un essai réduit d'une page de texte et de la reliure sera envoyé sur demande.

Fig. 18. Inserzione pubblicitaria per l'edizione monumentale della *Divina Commedia* apparsa all'interno della copertina del cat. LXXXIII *Incunabola typographica* del 1912.

lettera del sempre attento Guido Treves che il 23 novembre aveva scritto a d'Annunzio: «[...] abbiamo letto che stai preparando una prefazione alla Commedia di Dante».[17] Dunque il progetto era ormai perfettamente delineato negli aspetti filologici, esegetici, artistici e tipografici, e soprattutto aveva ottenuto l'assenso ufficiale di d'Annunzio.

Allo scadere dell'anno, mentre Olschki si trovava ancora in America, il 27 dicembre Passerini tornava a saggiare con d'Annunzio lo stato dell'arte, rispondendo anche a una sua richiesta solo accennata nella lettera, ma già relativa alla questione dei manoscritti di opere dannunziane che nei primi mesi del 1910 sarebbe stata all'ordine del giorno nella corrispondenza con il libraio antiquario fiorentino, per il profilarsi del tracollo finanziario del poeta:

> l'Olschki è oramai in alto mare in viaggio di ritorno. Mi spiace, e dispiacerà anche a lui, non poter giovarti. Se si trattasse di cosa editoriale, guarda che Olschki è in relazione con molti editori americani, e potrà forse anche di qui far qualche cosa. Infine non fare complimenti, e scrivi, a lui o a me, quando credi.
>
> Grazie delle notizie... dantesche. Guarda di far presto! Sarà un pensiero di meno per tutti. Aspetto che tu mi chiami a prendere il manoscritto. Ti porterò le due mila lire. Potremo contarci per la seconda metà di gennaio? Sai che il Re ha sottoscritto per un esemplare di pergamena?
>
> [...] Ti raccomando il Dante![18]

[17] La notizia era stata riportata dal «Corriere della Sera» (Franco Di Tizio, *Guido Treves e d'Annunzio negli anni del declino della Casa Editrice*, Pescara, Ianieri, 2014, p. 50).

[18] ArV, AG, *Passerini G. Lando*, XXVII, 2, lettera da Firenze, datata 27 dicembre 1909.

VI
UNA TENTATA VENDITA DI MANOSCRITTI

Alla notizia che d'Annunzio si era impegnato a collaborare all'edizione monumentale della *Divina Commedia*, ci fu chi dubitò fortemente che avrebbe mantenuto la promessa, ben conoscendone le abitudini consolidate. Nel tentativo di far leva sull'orgoglio dell'autore, Passerini non si peritò di riferirgli quanto si andava vociferando nei salotti letterari fiorentini, dove si scommetteva sulla sua inaffidabilità:

> «l'amico mio e *della* ventura» Ugo Oietti, va dicendo, e scrivendo, anche, che «Gabriele promette la *Vita di Dante* che *non farà*!». Vedi tu di dargli torto: e, ora che il romanzo è uscito (ed io aspetto da te l'esemplare promesso), tu pensa a Dante, e a me. Anche il Lumbroso – che della *Vita di Dante* non parla nella relazione, su la «Tribuna» d'ieri, della sua visita a Marina di Pisa, credo che dubiti molto, per questa *Vita di Dante*. Ricordo anzi che quando fu da me, per sapere precise notizie in proposito, ed io gli parlai della tua promessa, mi parve poco persuaso, e forse intanto che io discorrevo gli suonavano nella mente le parole di Guido di Montefeltro, anzi il mal consiglio di Guido al papa Bonifazio!
>
> Ora io ho la tua parola, e non temo: ma mi piace ricordarti la promessa; anche perché la stampa del magnifico libro è incominciata, e tutto è disposto perché nelle prime pagine, per le quali sono pronti i fregi tipografici quattrocenteschi, la tua «Vita Dantis» abbia luogo degno.
>
> Aspetto dunque da te una riga a conferma delle mie speranze, anzi a conforto della mia fede, e ti abbraccio.

Su questa lettera è apposta una datazione apocrifa, 11 gennaio 1910,[1] e come si vede vi si parla ancora di promesse più che di certezze, nonostante la consegna alle stampe del *Forse che sì forse che no* avesse restituito a d'Annunzio un po' di libertà. D'altra parte, ben diverse erano le preoccupazioni che si addensavano all'orizzonte del Vate, per via della periclitante situazione finanziaria che presto si sarebbe trasformata in disastrosa rovina. L'assedio dei creditori si faceva sempre più stretto attorno alla Capponci-

---

[1] ArV, AG, *Passerini G. Lando*, XXVII, 2, lettera da Firenze.

na, ormai abbandonata da tempo alla resistenza strenua di Benigno Palmerio,[2] e per correre ai ripari d'Annunzio aveva pensato di vendere alcuni manoscritti delle sue opere, avvalendosi di Olschki attraverso la mediazione di Passerini, al quale era ben nota la ricca rete di rapporti internazionali del libraio antiquario. Ecco quanto Passerini scriveva a d'Annunzio il 19 gennaio, senza dimenticare la questione che più gli stava a cuore:

> Ti scrissi ieri sera [...] che l'Olschki è a Firenze, a tua disposizione. Il Palmerio è andato da lui, per dirgli che tu hai qualche cosa da comunicargli. Grazie delle tue confermazioni: ma io non dubitavo della tua promessa.
>
> Ti spedisco per pacco postale due libri recenti che raccolgono quanto si sa di meglio sulla vita di Dante: il Cimegotto e il Turri: e vi unisco, se mai potesser giovarti, benché vecchi, il Balbo e il Fraticelli. Vedrai anche il mio *Sommario*. Ti manderò anche la vita di Zingarelli, che non ritrovo tra' miei libri e che bisogna ricerchi. Se altro ti occorre, scrivimi. Aspetto il *Forse che sì*; grazie.[3]

A questa lettera faceva eco quella di Olschki del 24 gennaio, di ritorno dal viaggio luci e ombre negli Stati Uniti. La missiva riscontrava l'omaggio di una copia con dedica del romanzo e naturalmente non mancava di richiamare l'impegno per l'edizione della *Commedia*, in piena lavorazione:

> [...] mi giunse altamente oltremodo gradito e caro il nuovo Suo volume ch'ella si compiacque inviarmi con graziosa dedica, ed io m'affretto ad esternargliene i sensi della mia più profonda gratitudine.
>
> Sono felicemente ritornato da oltre mare con impressioni assai poco favorevoli del nuovo mondo: in un prossimo nostro convegno gliele farò conoscere.
>
> Appresi dal conte Passerini e dal dr. Palmerio ch'Ella più volte ha chiesto notizie del mio ritorno per una comunicazione da farmi ed eccomi a Sua disposizione. Sento con piacere ch'Ella sta già lavorando per la *vita Dantis* che dovrà ornare la mia edizione monumentale alla quale dedico tutta la cura perché riesca mirabile sotto tutti i rapporti.[4]

---

[2] Si vedano i ricordi del veterinario e amico Benigno Palmerio, *Con d'Annunzio alla Capponcina*, a cura di Marco Marchi, Firenze, Le Lettere, 2009.

[3] ArV, AG, *Passerini G. Lando*, XXVII, 2. Le biografie dantesche citate da Passerini sono le seguenti: Cesare Cimegotto, *L'Alighieri nella vita, nell'opera e nella sua varia fortuna. Lezioni per i giovani della scuola secondaria*, Milano, Libreria Editrice Lombarda, 1904; Vittorio Turri, *Dante (1265-1321)*, Firenze, Barbèra, 1907; Cesare Balbo, *Vita di Dante Alighieri scritta da C. B. Edizione consentita dall'autore*, Firenze, Le Monnier, 1853; Pietro Fraticelli, *Storia della vita di Dante Alighieri compilata da P. F. sui documenti in parte raccolti da Giuseppe Pelli in parte inediti*, Firenze, Barbèra, 1861. Di Nicola Zingarelli, *La vita, i tempi e le opere di Dante*, 2 voll., Milano, Vallardi, 1898-1902, opera poi ridotta a *Vita di Dante in compendio con un'analisi della Divina Commedia*, Milano, Vallardi, 1905.

[4] ArV, AG, *Olschki Leo S.*, XXXIX, 2.

Evidentemente il suggerimento di Passerini di rivolgersi a Olschki per saggiare la disponibilità di facoltosi collezionisti americani ad arricchire le proprie raccolte con autografi dannunziani aveva incontrato il favore del poeta, e infatti il tentativo di vendere i manoscritti è al centro della corrispondenza del mese di febbraio con il libraio fiorentino, auspice sempre Passerini. Un primo potenziale acquirente era stato individuato in Archer Milton Huntington, fondatore della Hispanic Society of America, per il quale d'Annunzio aveva preparato una lettera e una copia autografata del *Forse che sì forse che no* che Olschki avrebbe trasmesso insieme con la proposta d'acquisto:

Mio caro amico,

grazie della cordiale bontà ch'Ella mi dimostra occupandosi delle mie cose. Spero nella buona sorte.

Le accludo la letterina pel sig. Huntington. E Le sarei grato s'Ella volesse scrivermi il nome di lui, *intiero*, per la dedica del volume.

Fra giorni Le porterò o le manderò il grave pondo dei manoscritti.

Novamente Le raccomando e quelli e me. E cordialmente Le stringo la mano, ancora abbagliato dai tesori incomparabili ch'Ella mi mostrò l'altrieri.[5]

Huntington rispose a Olschki negativamente, ritenendo l'acquisto incongruo rispetto alle finalità dell'istituzione che rappresentava, ma promettendo che avrebbe sollecitato l'attenzione di altri collezionisti:

Dear Sir:

Many thanks for kindly informing me in re the Mss. of Signor D'Annunzio, and while I appreciate the values of this extraordinary material, I regret that I am unable to consider purchasing it, as I could not have a place in the collection of the Hispanic Society, owing to the fact that only Spanish material is gathered there. I shall, however, call the attention of friends to this collection.

Believe me

Very truly yours

Archer M. Huntington[6]

Questa lettera, datata 17 February 1910, impiegò diversi giorni per giungere a Firenze. D'Annunzio intanto, conquistato dal mondo dell'aviazione che gli aveva ispirato l'eroe del suo ultimo romanzo, stava tenendo un giro di conferenze per l'Italia intitolate *Il dominio del cielo*[7] e nel frattempo si era

---

[5] ArO, *Carteggio Olschki*, corrispondente d'Annunzio, lettera datata 3 febbraio 1910, riprodotta da C. Tagliaferri, *La libreria antiquaria editrice*, pp. 94-95.

[6] ArV, AG, *Olschki Leo S.*, XXXIX, 2, dattiloscritto su carta intestata della Hispanic Society of America, con firma autografa di Huntington.

[7] L'impresario milanese Pilade Frattini aveva offerto a d'Annunzio circa 40.000 lire per leggere in varie città d'Italia quel discorso preparato in pochi giorni (Giordano Bruno Guerri,

preoccupato di far recapitare a Olschki i manoscritti attraverso Palmerio, come si apprende dalla lettera del 20 febbraio 1910:

il dottor Palmerio viene a consegnarle gran parte dei manoscritti. Mancano quello del «Forse» e quello del «Piacere» che le manderò quanto prima.
Nessuna notizia?
È vera quella dei giornali che annunziano la presenza del Morgan a Roma?
Io parto per un giro di propaganda aviatoria. Tornerò presto.
A Lei mi raccomando. (Credo già aver trovato il «conio» per la Vita terribile). Le stringo la mano.[8]

Da lontano, d'Annunzio chiedeva informazioni sullo stato della trattativa[9] e quando finalmente la risposta di Huntington giunse d'oltreoceano, alla fine del mese di febbraio, Olschki gliela trasmise dandone un'interpretazione possibilista che sarebbero stati i fatti a smentire:

EccoLe la risposta di Huntington che non è del tutto sfavorevole, giacché egli mi promette di richiamare l'attenzione di amici sui Suoi manoscritti ch'egli apprezza immensamente.
Egli avrà avuto intanto anche la Sua lettera inviatagli per mezzo mio e credo che questa lo spronerà ancor maggiormente a occuparsi in Suo favore.
E giacché si deve battere il ferro finché è caldo torno a scrivergli in termini calorosi e speriamo bene.
Seguo con vivo interesse il Suo giro aviatorio e in attesa di una riga cortese in riscontro alla presente La prego di gradire i miei saluti più sinceri.[10]

Se si è indugiato su questa operazione di tentata vendita dei manoscritti dannunziani, deviando dalla strada maestra dell'edizione dantesca,

---

D'Annunzio l'amante guerriero, Milano, Mondadori, 2008, p. 169). Dai fratelli Wright a Calderara, da Curtiss a Blériot, d'Annunzio aveva dialogato con tutti gli assi dell'aviazione, comprese le maestranze impegnate nella costruzione delle *macchine volanti* (da lui ribattezzate *velivoli* nel *Forse che sì forse che no*), raccogliendo molto materiale originale. Presto si defilò dall'impresa con gli immancabili strascichi giudiziari, anche perché nella tappa di Bologna era stato "intercettato" da Giovanni Del Guzzo che gli aveva offerto di fare una *tournée* in America latina. Il poeta, al solito, aveva accettato, ma nel mese di marzo si sarebbe trasferito a Parigi e non sarebbe più partito per l'Argentina, mandando in rovina il «tenace colono latino» che aveva investito i suoi capitali in quell'iniziativa (si veda *«Pignus ac monumentum amoris» di Gabriele d'Annunzio al «tenace colono latino» Giovanni Del Guzzo*, L'Aquila, Unione Arti Grafiche, 1911).

[8] ArO, *Carteggio Olschki*, corrispondente d'Annunzio, riprodotta da C. Tagliaferri, *La libreria antiquaria editrice*, p. 97.

[9] In ArO, *Carteggio Olschki*, si conserva il seguente telegramma di d'Annunzio inviato dal Grand Hôtel Brun di Bologna e recapitato a Firenze il 7 marzo: «Non ha nessuna buona notizia da darmi riguardo ai manoscritti? / Grazie Saluti affettuosi». E Olschki gli rispondeva, sempre via telegramma: «Huntington sta occupandosene presso amici come scrissi Marina trasmettendole sua lettera vale faveque» (ArV, AG, *Olschki Leo S.*, XXXIX, 2).

[10] ArV, AG, *Olschki Leo S.*, XXXIX, 2, lettera del 28 febbraio 1910.

è perché si tratta di un episodio di rilievo nella complessa storia delle carte dannunziane, dal quale emerge distintamente il ruolo fiduciario di Olschki come libraio antiquario ben inserito nei circuiti del collezionismo internazionale. D'Annunzio gli affida le sorti di un consistente nucleo di autografi, elencati nella *Nota dei manoscritti di Gabriele d'Annunzio consegnati al Comm.re Sig. Leo S. Olschki*, datata 24 febbraio 1910, che testimonia la notevole importanza dell'operazione in termini sia filologici che finanziari (Figg. 19-20).[11] Vi sono elencate con precisione 17 voci, corrispondenti ad alcune opere integrali nella doppia versione «Testo primitivo» e «Ne varietur», come nel caso dei *Sogni* drammaturgici e delle prime tragedie (*La Gloria*, *La Gioconda*, *Francesca da Rimini*). Vi figurano, inoltre, una copia della *Città morta* in «custodia di pergamena, miniata da G. Cellini», la prima stesura della *Laus Vitae*, poemi vari dalle *Laudi*, l'intero libro di *Alcyone*, il *Discorso agli elettori di Ortona*, la *Canzone di Garibaldi*, il *Proemio* e la *Vita di Cola di Rienzo*, una non meglio dettagliata *Miscellanea di prose*, per un totale di 4.182 fogli.

Un riscontro nell'*Inventario* dei manoscritti dannunziani ha consentito di stabilire che l'elenco corrisponde all'incirca alla serie di voci 1184-1194, più altre sparse, del catalogo stilato da Emilio Mariano, tutte accompagnate dall'indicazione «copia cianografica».[12] Si tratta di riproduzioni provenienti dal Fondo Senatore Borletti, relative agli autografi e ai materiali che il facoltoso industriale milanese, amico personale del poeta e sostenitore dell'impresa di Fiume, aveva acquistato sul finire della guerra dopo una lunga trattativa.[13] Difatti, come si è visto, i sondaggi effettuati da Olschki con Huntington, e forse anche con Morgan, non avevano dato esito positivo e dalla documentazione della Casa Editrice risulta che i manoscritti furono

[11] Il documento si trova accluso alla lettera dannunziana del 20 febbraio in ArO, *Carteggio Olschki*, ed è stato anch'esso riprodotto da C. Tagliaferri, *La libreria antiquaria editrice*, p. 99.

[12] Emilio Mariano, *Inventario dei manoscritti di Gabriele d'Annunzio*, «Quaderni Dannunziani», XXXVI-XXXVII, 1968. Si veda anche Antonio Bruers, *Gli archivi del Vittoriale*, in Id., *Nuovi saggi dannunziani. Seconda serie*, Bologna, Zanichelli, 1942, pp. 129-149.

[13] In ArV, AP lemma 2407, si conserva dattiloscritto l'atto di cessione dei manoscritti a Senatore Borletti, con annotazioni e firme autografe. Lo precede la seguente intitolazione, di mano di d'Annunzio: «I manoscritti male acquistati da Sen. Borletti (durante la guerra)». La cronologia dell'operazione è ricostruita in un promemoria risalente al 1949, da cui si apprende che la pratica era iniziata nell'autunno del 1917, tramite l'avvocato Leopoldo Barduzzi, e con alterne vicende (proposte, contro proposte, sospensioni) si era protratta sino al 21 maggio 1918, data del contratto. In esso veniva pattuito un compenso di 100.000 lire, la metà del quale già versato da Barduzzi a d'Annunzio l'8 maggio 1918, e il resto alla consegna dei manoscritti una volta che il venditore li avesse fatti rilegare. Per le vicende della guerra e di Fiume, le carte rimasero in custodia dell'avvocato sino al febbraio 1923, quando Borletti ne sollecitò nuovamente la consegna, che avvenne a Milano il 13 del mese. I manoscritti sono oggi di proprietà dello studio antiquario milanese Chiesa.

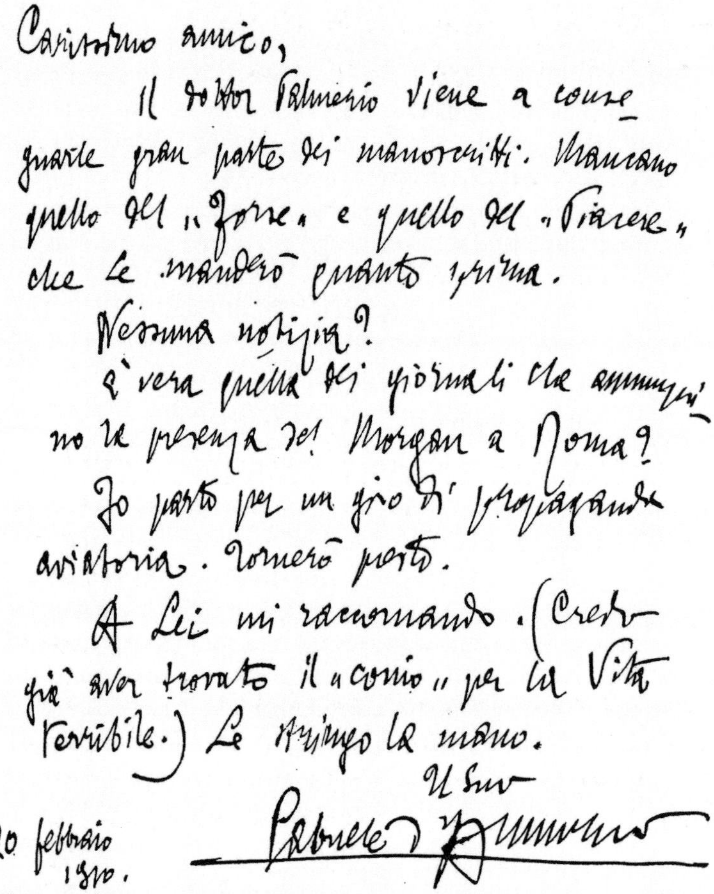

Carissimo amico,

il dottor Palmerio viene a consegnarle gran parte dei manoscritti. Mancano quello del „Forse" e quello del „Piacere", che le manderò quanto prima.

Nessuna notizia?

È vera quella dei giornali che annunziano la presenza del Morgan a Roma?

Io parto per un giro di propaganda aviatoria. Tornerò presto.

A Lei mi raccomando. (Credo già aver trovato il „conio" per la Vita terribile.) Le stringo la mano.

Il suo

Gabriele d'Annunzio

20 febbraio 1910.

19

Figg. 19-20. Lettera di Gabriele d'Annunzio a Leo Samuel Olschki del 20 febbraio 1910, con accluso elenco dei manoscritti per la vendita (Archivio Casa Editrice Olschki).

— Nota dei manoscritti di Gabriele d'Annunzio consegnati al Comm.re Sig. Leo Olschki —

			Fogli
1.	Sogno di un tramonto di primavera.	(Testo primitivo).	145.
2.	" " " " " "	(Ne varietur). Con note marginali di mano di E.a Duse	132.
3.	" " " " autunno.		110.
4.	La Città Morta. Tragedia. In custodia in pergamena, miniata da G. Cellini.		260.
5.	La Gloria. Tragedia.	(Testo primitivo)	323.
6.	" " "	(Ne varietur)	320.
7.	La Gioconda. "	(Testo primitivo)	281.
8.	" " "	(Ne varietur)	288.
9.	Francesca da Rimini. "	(Testo primitivo)	400.
10.	" " " " "	(Ne varietur)	468.
11.	Discorso agli elettori di Ortona a Mare. Agosto 1897.		56.
12.	La Canzone di Garibaldi.		60.
13.	Laus Vitae.	(Testo primitivo)	519.
14.	Delle Laudi. Poemi varii.		143.
15.	" " Alcione. Libro 3.o		340.
16.	Vite di uomini illustri. Proemio. Cola di Rienzo.		275.
17.	Miscellanea di prose.		62.
		Totale Fogli	4182.

Firenze, 24 Febbraio 1910.

20

ritirati da Palmerio il 16 marzo 1910 per essere restituiti a d'Annunzio.[14] È probabile che si tratti degli stessi autografi di cui si tornerà a parlare qualche anno più tardi, per un rinnovato tentativo fatto da Olschki con Huntington, secondo quanto l'editore scriveva a d'Annunzio all'inizio del 1914.[15]

---

[14] Si veda C. Tagliaferri, *La libreria antiquaria editrice*, p. 99.

[15] ArV, AG, *Olschki Leo S.*, XXXIX, lettera d'inizio gennaio con gli auguri «per un felice anno nuovo», nella quale si legge: «Sento con piacere ch'Ella ha ricuperato i Suoi manoscritti e ben volontieri mi rimetterò all'opera per trovarne un acquirente ed esclusivamente nell'interesse Suo, giacché mi ripugnerebbe trarne un benefizio materiale. Prossimamente scriverò a qualche amico americano in modo da invogliarlo e La terrò al corrente d'ogni cosa. Riscriverò anche a Huntington pregandolo di farne parola al suo cugino Henry di Los Angeles il quale è, dopo la morte di Morgan, il maggior compratore di libri e manoscritti. Ella può star certo che non tralascerò nulla che possa condurmi alla desiderata mèta».

VII
PRESSIONI INCROCIATE SUL FUGGITIVO

Il prolungato silenzio intorno alla composizione del profilo biografico dantesco per l'edizione monumentale della *Commedia* si sarebbe interrotto nel mese di giugno, grazie a un incontro di d'Annunzio e Olschki a Parigi, in seguito al quale Nello Mori poteva ricevere rassicurazioni sulla chiusura del volume:

> D'Annunzio sta proprio vicino a me; – gli scriveva Olschki dall'Hôtel Meurice di rue de Rivoli – abbiamo chiacchierato moltissimo ed egli mi assicurò che, appena ritornato in Italia, avrebbe fatto la vita di Dante pell'edizione nostra. Egli sta rivedendo le bozze della traduzione francese del suo *forse* ec. che deve uscire il 15 corr.[1]

Erano, tuttavia, speranze destinate a infrangersi subito, anche per lo stabilirsi definitivo di d'Annunzio in Francia; ed è così che ebbe inizio un lungo *pressing* incrociato sull'autore, da parte di Olschki e Passerini, per ottenere la consegna del manoscritto e chiudere definitivamente la stampa della *Divina Commedia*. Cominciava Passerini il 7 ottobre:

> Io debbo ricordarti quel nostro Dante, che è quasi tutto pronto, e il vol., completo, deve uscire alla fine di novembre. L'Olschki è impaziente e ansioso. Ha promesso ai suoi sottoscrittori la *Vita di Dante* e non può mancare. Ti prego e scongiuro, per la nostra antica amicizia, pel bene che ti voglio, di mandarmi una tua lettera che mi assicuri. Non voglio, non posso credere che tu abbia dimenticato la nostra amicizia e la tua promessa. [...]
>
> Entro il mese presenteremo al Re, a San Rossore, i primi fogli di stampa del Dante, che, è magnifico.
>
> P.S. Se hai sempre que' tuoi mss. Olschki è sempre pronto a riattivare le trattative, con buone speranze.[2]

---

1 ArO, *Carteggio Olschki*, corrispondente Mori, lettera datata 11 giugno 1910. Il paragrafo relativo a d'Annunzio è preceduto dall'informazione «Duse. Sta bene».

2 ArV, AG, *Passerini G. Lando*, XXVII, 2, lettera su carta intestata «Collezione di opuscoli danteschi inediti o rari» della Casa Editrice S. Lapi.

Forte della presentazione delle prove di stampa a Vittorio Emanuele III, Olschki tornava a insistere il 4 novembre, con deferente cordialità e insieme con fermezza, in una lettera che chiedeva comprensione per il rischio d'impresa e d'immagine che l'editore si era accollato:

> Privo d'un Suo riscontro alla mia raccomandata che, secondo la ricevuta ritornatami dall'ufficio postale, Le fu regolarmente recapitata, mi permetto di ricordarLe nuovamente che la mia edizione monumentale di Dante deve uscire alla fine di questo mese, essendone già stata compiuta la stampa che riscuote l'unanime plauso di tutti i competenti che hanno occasione di vederla. Al compimento del mirabile volume non manca che la Vita di Dante ch'Ella s'è impegnato di scrivere e di consegnarmi entro l'estate. La prego dunque vivamente di mandarmi subito il manoscritto ch'Ella certamente avrà già preparato affinché venga sollecitamente composto dalla tipografìa che pure l'attende impazientemente reclamandomelo ogni giorno.
>
> Ho assunto l'impegno di fronte ai sottoscrittori, fra i quali trovansi personaggi di altissimo rango, a cominciare col nostro Re, ed io mi sentirei umiliato ed imbarazzato se non potessi adempierlo; inoltre andrei incontro a dei guai incalcolabili, avendo io impiegato una somma ingente per la pubblicazione alla quale ho inoltre dedicato sedici mesi d'indefesso lavoro. Il Conte Passerini non sa darsi pace per il ritardo che non avrebbe mai potuto prevedere.
>
> La supplico ardentemente di osservare l'impegno ch'Ella assunse con tanto entusiasmo ed in attesa del suo lavoro che aggiungerà nuova gloria al suo nome La saluto di cuore.[3]

Chiude l'anno una cartolina inviata per posta urgente all'Hôtel Meurice da Passerini, che parafrasando l'altrove già richiamato Guido da Montefeltro di *Inf.* XXVII, 110, ribadisce: «[...] aspettiamo l'adempimento della lunga promessa, e che l'attender non sia corto. Se non vuoi farlo per me, fallo almeno per Dante!».[4]

---

[3] ArV, AG, *Olschki Leo S.*, XXXIX, 2.

[4] ArV, AG, *Passerini G. Lando*, XXVII, 2, cartolina illustrata con veduta di Borgo Ognissanti a Firenze, 29 novembre 1910.

VIII
L'ESILIO IN FRANCIA

Non fu per nulla facile seguire le tracce di d'Annunzio nei primi mesi del 1911. Il poeta si era rifugiato nella località atlantica di Arcachon, nello *chalêt* Saint Dominique al Moulleau che gli aveva trovato l'estate prima Romaine Brooks e che poi era stato eletto a domicilio più o meno coatto con la saltuaria compagnia di Nathalie de Goloubeff, l'amante ufficiale degli anni francesi. Si recava però continuamente a Parigi, presso l'Hôtel de Jena, e poi a Versailles, dove era di stanza al Trianon Palace Hôtel sotto lo pseudonimo di Gérard d'Augan per seguire l'allestimento del *Martyre de Saint Sébastien* al Théâtre du Châtelet. L'eremo di Arcachon era un recapito segreto anche per l'avvocato fiorentino del poeta, Francesco Coselschi, che teneva i rapporti con il suo cliente e aggiornava Olschki, il quale scriveva speranzoso il 6 marzo:

> Dall'egr. avv. Coselschi ebbi la notizia, anzi il Suo dispaccio che nella prima quindicina di questo mese mi giungerebbe il Suo manoscritto colla vita di Dante per la mia edizione monumentale ed ora, reduce d'una breve gita in automobile alla Riviera, apprendo col massimo piacere ch'Ella sta lavorando e che fra giorni mi perverrà il manoscritto. Ne La ringrazio di tutt'il cuore e La prego vivamente di farmi avere al più presto possibile il prezioso Suo lavoro. Ella conosce ormai le ragioni che mi spinsero a sollecitarLa e mi creda che ve se ne sono aggiunte ancora delle altre e tutte veramente impellenti.
>
> Per gli Idi di Marzo al più tardi attendo dunque il Suo manoscritto, mentre nel frattempo Le stringo cordialmente la mano.[1]

La lettera raggiunse un d'Annunzio ancora immerso nello sforzo creativo del *Martyre*, che per l'artefice significava la ricerca di una lingua originale rivolta anche alla lezione di Dante e insieme la costruzione di una forma espressiva nuova, da cucire addosso all'inarrivabile Ida Rubinštejn che avrebbe portato in scena il Mistero musicato da Debussy. E mentre la

---

[1] ArV, AG, *Olschki Leo S.*, XXXIX, 2.

danzatrice, ribattezzata «il Santo», turbava la quiete di Arcachon provando e riprovando la sua parte, alla de Goloubeff, con la quale il carteggio si era interrotto da settimane per l'isolamento volontario del poeta, d'Annunzio confessava che «il pensiero d'essere legato per alcuni mesi alla *sua* opera» cominciava a divenirgli intollerabile. «Non so che darei per non sentirne più parlare», continuava, e c'era dell'altro: «Ho anche questo terribile *dovere* di scrivere la vita di Dante. Dovrei mandarla in questa settimana, e non son riuscito a scrivere la prima parola! Forse mi vendicherò scrivendo una cosa folle».[2] Una provocazione, uno scatto liberatorio, ma alla fine per quel «maledetto Dante»[3] che gli bloccava la penna d'Annunzio intravide una soluzione d'emergenza e fu quella di trasformare la promessa vita in un profilo poetico dell'Alighieri in terza rima, eventualmente da ricomprendere nel progetto delle *Vite di uomini illustri e di uomini oscuri* rimasto poi tale. Passerini, per conto di Olschki, il 24 marzo gli scriveva:

> Arriva ora in Libreria il tuo telegramma disperato: Olschki, da Roma, dove si trova per sue faccende, ne ha avuto notizia per telefono dal Sign. Mori, e mi dà l'incombenza di risponderti, subito, e di mandarti co' miei i suoi vóti e le sue preghiere. Spero che l'ora della grazia sarà a quest'ora venuta. Una vita del Poeta, in terza rima, sarebbe una cosa magnifica, e la inspirazione non può, non deve fallirti.
>
> Le pagine che ti sono riserbate, in fronte al magnifico volume, sono – come ti telegrafò l'Olschki – da otto a dodici: ma la lunghezza del tuo lavoro può essere anche di sole quattro, anche sole due. Non ti spaventi dunque lo spazio: e non ti spaventi l'altissimo argomento. Tu puoi, tu devi: ed io sono certo che mi rassicurerai su questo punto. Attendiamo un tuo telegramma che ci tolga di pena.[4]

Quando il telegramma giunse, Passerini, rinfrancato, poté confermare la spedizione dalla Libreria di «due ediz. della Vita di Dante del Boccaccio:

---

[2] Gabriele d'Annunzio, *Lettere a Natalia de Goloubeff (1908-1915)*, a cura di Andrea Lombardinilo, Lanciano, Carabba, 2005, p. 444, lettera del 15 marzo 1911. Donna raffinata e intelligente, «matta della più nera mattezza slava», come scrive d'Annunzio nel *Libro segreto*, l'aristocratica russa aveva affascinato la più colta società parigina e aveva anche firmato la traduzione francese del *Forse che sì forse che no* per Calmann-Levy (*ivi*, p. 17).

[3] Così in una lettera non datata, ma sempre del marzo 1911, alla de Goloubeff: «Se vuoi essere veramente una buona piccola e se vuoi che io ti chiami piccola (fino a stasera), devi venire qui a fare gli onori della casa ai piccoli ospiti. Io non posso occuparmi dei preparativi perché debbo lavorare a questo maledetto Dante» (*ivi*, p. 446).

[4] ArV, AG, *Passerini G. Lando*, XXVII, 2, lettera su carta intestata «Leo S. Olschki libri rari di ogni genere manoscritti con e senza miniature rilegature antiche» e «La Bibliofilía». Il 13 aprile Tenneroni scriveva a d'Annunzio: «Felicissima la tua idea di dir la Vita di Dante in terzine dantesche, come quelle tue bellissime del commiato alla *Francesca da Rimini*» (*Al «Candido Fratello»... Carteggio Gabriele D'Annunzio-Annibale Tenneroni [1895-1928]*, a cura di Mirko Menna, Lanciano, Carabba, 2007, p. 349).

quella del Macrì Leone e quella del Rostagno», aggiungendo: «Stasera da casa ti manderò un mio volume. Vi troverai dei cenni sulla vita di Dante. Son lieto della Terza Rima; e l'aspetto con ansietà. Olschki so che ti ha telegrafato da Roma, insieme con Annibale. Egli è ora qui, ti saluta, e anch'egli aspetta».[5] Questa lettera di Passerini, datata 31 marzo, era stata preceduta da un telegramma beneaugurante di Olschki da Roma, richiamato nella missiva inviata il 2 aprile, al rientro a Firenze, nel tentativo di inchiodare d'Annunzio alle sue responsabilità, seppure indorando la pillola con le lusinghe:

> Ella avrà ricevuto il mio telegramma da Roma ch'io feci firmare anche dal nostro amico Tenneroni: «Nil difficile volenti; quaecumque verba tua nobis Dantophilisque sat erunt, quam citius ages gratius opus». So benissimo che il compito è difficilissimo, però sono anche persuaso ch'Ella, verbi magister, saprà superare gli scogli e condurrà a buon porto l'opera sua. *Surge et age*! Vidi il telegramma da Lei diretto al Passerini e subito Le fu spedita la vita del Boccaccio che nel frattempo Le sarà giunta.
>
> Non faccio questioni della lunghezza del lavoro: io mi rimetto completamente in Lei; quel che farà sarà certamente un capo d'opera quand'anche di pochissime parole. Comprendo benissimo che la difficoltà sta appunto nella brevità ma Ella maestro impareggiabile la vincerà. La prego vivamente di far sì che presto mi giunga il sospirato lavoro perché sono imbarazzatissimo coi sottoscrittori verso i quali ho assunto degli impegni improrogabili.[6]

L'attesa, tuttavia, era destinata a protrarsi ulteriormente. «Quosque tandem?», telegrafava Olschki al poeta il 10 aprile,[7] e Passerini gli faceva eco nelle sue lettere dell'11 aprile («Ti mandai i voll. del Macrì Leone e del Rostagno, della *Vita* del Boccaccio. Li hai avuti? Dimmi qualche cosa della *Vita di Dante*: tu sai com'è qui attesa. Olschki aspetta, e ti saluta») e del 6 maggio («Ora pensa al mio Dante. Levami di pene: mandami i ternari aspettati, calma le ansie dell'Olschki. Dammi la buona novella. Te ne prego nel nome della mia fedele amicizia. Tu non puoi, tu non devi mancarmi. Aspetto un annunzio consolatore: dammelo, non farmelo più tardare»).[8]

---

5 ArV, AG, *Passerini G. Lando*, XXVII, 2, lettera sulla stessa carta intestata della precedente. Le edizioni citate sono: Giovanni Boccaccio, *La vita di Dante*, testo critico con introduzione, note e appendice di Francesco Macrì Leone, Firenze, Sansoni, 1888; Id., *La «Vita» di Dante Alighieri. Testo del cosidetto "Compendio"*, a cura di Enrico Rostagno, Bologna, Zanichelli, 1899. Quanto al suo lavoro, probabilmente Passerini si riferisce al volume *Di alcuni notevoli contributi alla storia della vita e della fortuna di Dante*, Firenze, Olschki, 1892.

6 ArV, AG, *Olschki Leo S.*, XXXIX, 2.

7 ArV, AG, *Olschki Leo S.*, XXXIX, 2.

8 ArV, AG, *Passerini G. Lando*, XXVII, 2.

Per d'Annunzio, non era esattamente un alibi quello della mancanza di libri con cui poter lavorare, ma la costernazione di Passerini, suo amico personale, prodigo di attenzioni anche nei confronti della figlia del poeta Renata, l'affettuosa Cicciuzza visitata con regolarità nel collegio fiorentino di Poggio Imperiale da lui e dalla sua famiglia, si coglie perfettamente in questa cartolina postale indirizzata a Tenneroni a Parigi perché fosse letta e meditata *in primis* da d'Annunzio:

So da Olschki che sei stato a Firenze, senza cercarmi *nemmeno per telefono*. E tu sai con quanto desiderio ti avrei salutato! Ti vedrò almeno nel ritorno? Di Gab. non ti dico nulla: egli è stato meco d'una infedeltà ingiustificabile ed inaudita. Olschki intanto, e il buon Coselschi, sperano ancóra in quella *Vita di Dante* che Gab. promise a me con entusiasmo due anni or sono. Non io. Egli non farà nulla: ma perché non dirlo? Chiuderemo in altro modo il volume, e cesserà anche per me il danno enorme che il ritardo della pubblicazione mi apporta.[9]

Fu a questo punto che anche Olschki perse definitivamente la speranza e la pazienza. Il 27 maggio inviava all'avvocato Coselschi una lettera di *ultimatum* per il suo cliente che sarebbe stato chiamato a rispondere in solido del danno procurato all'editore se non avesse consegnato il testo promesso (Figg. 21-22):

Dopo le vive premure che mercé la di Lei cortese intromissione, e personalmente, ho fatto a Gabriele D'Annunzio; e dopo le reiterate di lui promesse, anche *con designazione precisa di tempo*, per la consegna della «Vita di Dante» che attende da due anni (promesse e premure finora riuscite vane), io sono entrato nella assoluta convinzione che ogni attesa sia oramai inutile, e che l'impegno dal D'Annunzio preso meco formalmente non sarà in alcun modo, né ora né poi, mantenuto. Tuttavia, per dare ancóra, dalla mia parte, una prova della mia pazienza e benevolenza, sono disposto a concedere un'ultima proroga di otto giorni, trascorsi i quali io dovrò provvedere altrimenti al completamento del volume del «Dante», che, come Ella sa, è pronto già da sei mesi.

Ella dovrà convenire che se io personalmente potrei esser disposto ad ogni indulgenza, per deferenza verso l'illustre amico e verso di Lei, che tanto ha perorato per la felice risoluzione di questa dolorosa vertenza, mi incombe bensì il preciso dovere di tutelare, anche oltre gli interessi, la dignità del mio nome e il decoro della mia Casa editrice. Così che, perché non possa dirsi e nemmeno sospettarsi ch'io abbia mancato a' miei impegni, o promesso oltre a quanto avrei potuto mantenere, se trascorso il termine sopra indicato, a datar da domani io non avrò il mano-

[9] ArV, AG, *Passerini G. Lando*, XXVII, 2, cartolina postale della Società Leonardo da Vinci, datata 17 maggio 1911, indirizzata al «Prof. Annibale Tenneroni presso Gabriele D'Annunzio, Teatro dello Chatelet, a Paris».

scritto, procederò immediatamente alla completazione del volume in altro modo, e farò pubblica dichiarazione, a mezzo della stampa, della mancata promessa di Gabriele D'Annunzio, il quale pur dovrò tenere responsabile di tutti quei danni che, o per rifiuti di sottoscrittori o d'altro, me ne potessero derivare.

Dolente di doverLe fare tale esplicita e formale dichiarazione, La prego vivamente di volere informare di questa mia irrevocabile deliberazione il suo illustre cliente, mentre a Lei confermo i sentimenti della mia gratitudine ed amicizia.[10]

Il registro è ben diverso da quello solito del carteggio con d'Annunzio, ma a leggere con attenzione non c'è traccia, in questa lettera, della furiosa indignazione e delle parole grosse di cui parla Antongini nel suo racconto dell'episodio. Vi si trova anzi ribadita, al fondo, una considerazione intellettuale per il poeta che tuttavia, in questo preciso momento, doveva cedere il passo alla necessità dall'imprenditore di tutelare i propri interessi.

La posizione assunta da Olschki sembrò non lasciare spazio alla contrattazione e dunque toccò al solito Passerini trovare una via d'uscita che potesse soddisfare le esigenze dell'editore senza discredito dell'autore. Questa la soluzione che veniva proposta a d'Annunzio il 2 giugno:

Caro Gabriele,

penso di toglierti un pensiero affannoso annunziandoti che io ho proposto, per tagli[a]re ogni indugio, all'Olschki di scrivere io una brevissima vita di Dante, e d'aprire – se il Treves consente e tu approvi – il volume con la Laude di Dante, che è stata, dal Treves appunto, pubblicata nel II° delle Laudi. Non so se il Treves consentirà: ma forse sì se tu gliene scrivi: nel qual caso dovreste farlo subito, avvertendone anche me.

Io ho già pronta la *Vita*, ristretta a un mero sommario di fatti principalissimi, e a pochi cenni delle opere. Si aspetta dunque ora solamente la tua approvazione e il consentimento del Treves.

Spero che la soluzione – se non è molto bella forse per l'O. e pe' sottoscrittori – piacerà a te, che ti togli da questa piccola angustia, nel momento doloroso.[11]

Il «momento doloroso» di cui parla Passerini è quello che coincise con la vendita volontaria all'incanto degli arredi della Capponcina, a seguito del cattivo esito della precedente vendita giudiziaria che non aveva dato i risultati attesi. Venne effettuata dall'impresa fiorentina Galardelli e Mazzoni in dieci sedute pomeridiane che si tennero nei giorni fra il 3 e il 14 giugno e

[10] ArV, AG, *Olschki Leo S.*, XXXIX, 2. Il dattiloscritto, sulla consueta carta intestata della libreria e della «Bibliofilía», reca una nota autografa di Coselschi che è insieme un allarme e una preghiera «Rispondimi – provvedi – *Mi raccomando*! Francesco».

[11] ArV, AG, *Passerini G. Lando*, XXVII, 2.

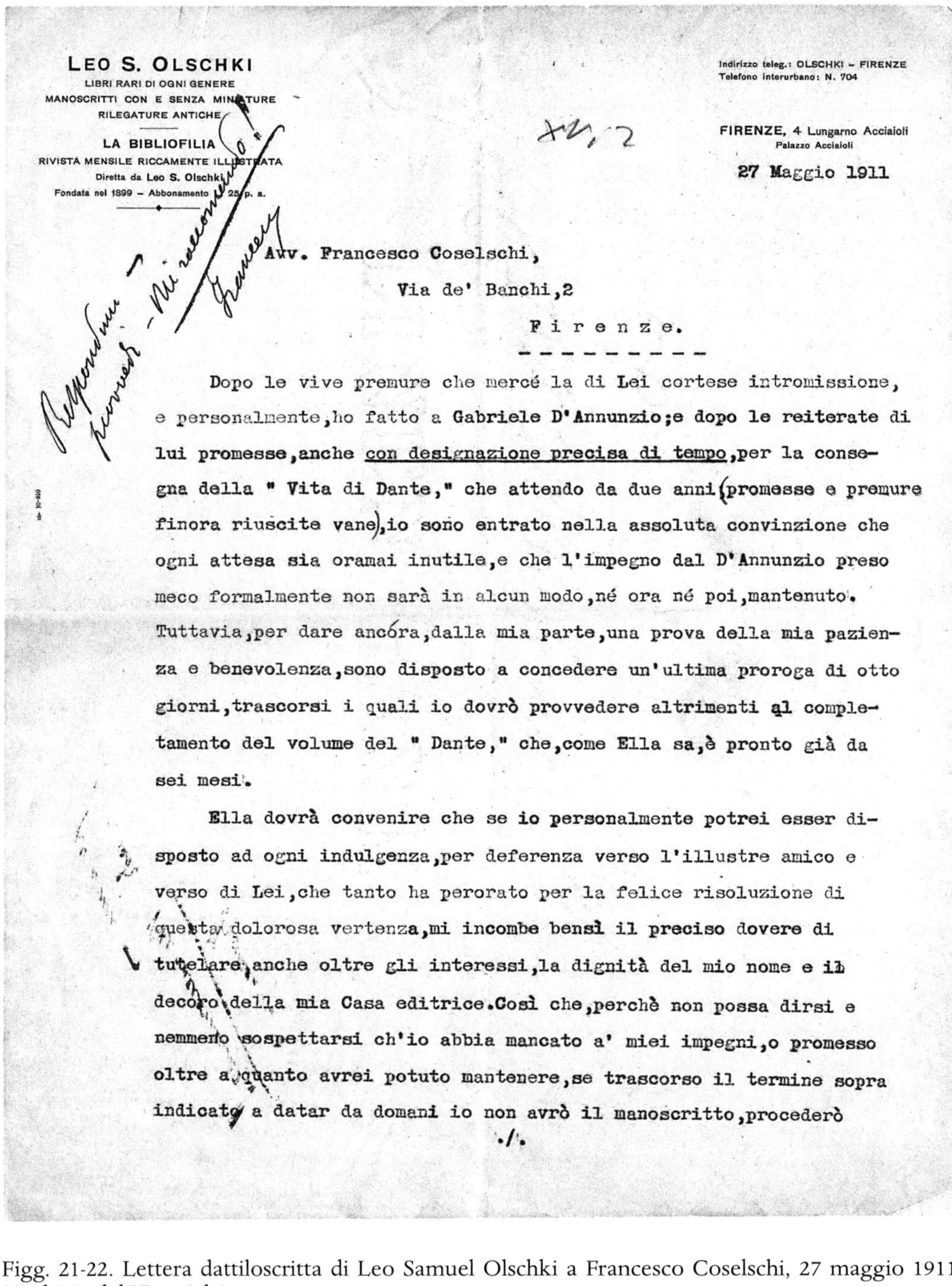

LEO S. OLSCHKI
LIBRI RARI DI OGNI GENERE
MANOSCRITTI CON E SENZA MINIATURE
RILEGATURE ANTICHE

LA BIBLIOFILIA
RIVISTA MENSILE RICCAMENTE ILLUSTRATA
Diretta da Leo S. Olschki
Fondata nel 1899 – Abbonamento L. 25 p. a.

Indirizzo teleg.: OLSCHKI – FIRENZE
Telefono interurbano: N. 704

FIRENZE, 4 Lungarno Acciaioli
Palazzo Acciaioli

27 Maggio 1911

Avv. Francesco Coselschi,

Via de' Banchi,2

F i r e n z e.

Dopo le vive premure che mercé la di Lei cortese intromissione, e personalmente,ho fatto a Gabriele D'Annunzio;e dopo le reiterate di lui promesse,anche con designazione precisa di tempo,per la consegna della " Vita di Dante," che attendo da due anni(promesse e premure finora riuscite vane),io sono entrato nella assoluta convinzione che ogni attesa sia oramai inutile,e che l'impegno dal D'Annunzio preso meco formalmente non sarà in alcun modo,né ora né poi,mantenuto. Tuttavia,per dare ancóra,dalla mia parte,una prova della mia pazienza e benevolenza,sono disposto a concedere un'ultima proroga di otto giorni,trascorsi i quali io dovrò provvedere altrimenti al completamento del volume del " Dante," che,come Ella sa,è pronto già da sei mesi.

Ella dovrà convenire che se io personalmente potrei esser disposto ad ogni indulgenza,per deferenza verso l'illustre amico e verso di Lei,che tanto ha perorato per la felice risoluzione di questa dolorosa vertenza,mi incombe bensì il preciso dovere di tutelare,anche oltre gli interessi,la dignità del mio nome e il decoro della mia Casa editrice.Così che,perchè non possa dirsi e nemmeno sospettarsi ch'io abbia mancato a' miei impegni,o promesso oltre a quanto avrei potuto mantenere,se trascorso il termine sopra indicato a datar da domani io non avrò il manoscritto,procederò

./.

21

Figg. 21-22. Lettera dattiloscritta di Leo Samuel Olschki a Francesco Coselschi, 27 maggio 1911 (Archivio del Vittoriale).

LEO S. OLSCHKI
LIBRI RARI DI OGNI GENERE
MANOSCRITTI CON E SENZA MINIATURE
RILEGATURE ANTICHE

LA BIBLIOFILIA
RIVISTA MENSILE RICCAMENTE ILLUSTRATA
Diretta da Leo S. Olschki
Fondata nel 1899 – Abbonamento L. 25 p. a.

Indirizzo teleg.: OLSCHKI – FIRENZE
Telefono interurbano: N. 704

FIRENZE, 4 Lungarno Acciaioli
Palazzo Acciaioli

immediatamente alla completazione del volume in altro modo,e farò pubblica dichiarazione,a mezzo della stampa,della mancata promessa di Gabriele D'Annunzio,il quale pur dovrò tenere responsabile di tutti quei danni che,o per rifiuti di sottoscrittori o d'altro,me ne potessero derivare.

Dolente di doverLe fare tale esplicita e formale dichiarazione, La prego vivamente di volere informare di questa mia irrevocabile deliberazione il suo illustre cliente,mentre a Lei confermo i sentimenti della mia gratitudine ed amicizia.

Affmō.

Leo S. Olschki

fu materia di cronaca mondana nei salotti e sui giornali.[12] Il primo giugno era stata aperta l'esposizione dei pezzi elencati nel *Catalogo della Collezione Gabriele d'Annunzio esistente nella Villa La Capponcina presso Settignano*, da cui era rimasta esclusa pressoché in blocco la biblioteca.[13] Andarono all'asta 1.138 lotti, composti da mobili antichi, dipinti di buona scuola, pezzi pregiati della Manifattura di Signa di cui il poeta aveva fatto la fortuna, insieme all'intero repertorio dell'eclettismo dannunziano degli anni fiorentini con gli oggetti della sua vita intima. Alla vigilia dell'ultima asta, d'Annunzio confidava a Luigi Albertini quanto gli aveva raccontato Olschki circa le sorti della sua dimora amata e perduta:

> Ho veduto stamani Leo Olschki, il quale mi ha rappresentata la scena cotidiana. Le mie spoglie sono tratte a sorte fra una ventina di mercanti collegati da un patto segreto. Quasi tutti gli oggetti sono venduti a un prezzo vile. Il Pallotti ha comperato – mi dice Olschki – per ottocento lire un gran leggio cinquecentesco pel quale egli stesso me ne aveva offerto seimila!!![14]

La lettera è dell'11 giugno e Olschki si trovava in quei giorni a Parigi, in viaggio d'affari per le capitali europee. Intanto Passerini, che non aveva ricevuto indicazioni dall'editore circa il Dante monumentale, si rivolgeva direttamente a d'Annunzio per sapere cosa fare, gli chiedeva notizie da trasmettere al tipografo e soprattutto insisteva su un punto: «Scriverai tu qualche cosa, da premettere al libro? O posso far metter senz'altro innanzi la sola Laude e la Vita?».[15]

---

[12] Ugo Ojetti, *D'Annunzio: amico maestro soldato 1894-1944*, Firenze, Sansoni, 1957, con le cronache di quei giorni per il «Corriere della Sera». Si veda anche il catalogo della mostra organizzata dalla Provincia di Firenze *1910 fuga dalla Capponcina. D'Annunzio tra Firenze e la Francia*, a cura di Elena Puliti, Firenze, C.D. & V., 2011, pp. 166-178.

[13] Annamaria Andreoli, *I libri segreti. Le Biblioteche di Gabriele d'Annunzio*, Roma, De Luca, 1993; Elena Ledda, *Le Biblioteche del Vittoriale*, in *Libri e librerie di Gabriele d'Annunzio. Atti del 33° Convegno di studi (Pescara, 17-18 novembre 2006)*, Pescara, Ediars, 2006, pp. 7-28.

[14] Franco Di Tizio, *D'Annunzio e Albertini. Vent'anni di sodalizio*, Altino (CH), Ianieri, 2003, p. 54.

[15] ArV, AG, *Passerini G. Lando*, XXVII, 2, lettera del 19 giugno.

IX
LA SVOLTA

A Parigi, Olschki volle incontrare d'Annunzio di persona,[1] mettendo in atto una strategia di recupero del rapporto con il poeta che avrebbe dato i suoi frutti: rinegoziò il contratto formulato sul finire del 1909 e diede disposizioni affinché da Firenze fosse subito inviata una copia rilegata dell'edizione monumentale, ancora priva dell'introduzione che attendeva di essere scritta e stampata. È il volume segnato 21872 della Biblioteca del Vittoriale, esemplare non numerato ma perfettamente rilegato,[2] e Olschki lo fece recapitare presso la residenza di Arcachon per invogliare d'Annunzio a lavorare al proemio. Con questa rinnovata intesa e con la disponibilità dell'editore a venire incontro al poeta in forte difficoltà, l'accordo fu trovato e una volta giunto a Londra, il 13 giugno, Olschki poteva scrivere a d'Annunzio una missiva cordiale, molto personale, nella quale gli confidava gli ideali che lo avevano ispirato nella sua professione di libraio antiquario. È una lettera che per intimità e intensità resta tra le più belle di questo carteggio:

Illustre e caro amico,

Tuttora sotto la gradevolissima impressione del nostro lungo ed assai interessante colloquio Le rinnovo le mie grazie sentite per la cordiale accoglienza e la promessa di volermi preparare la prefazione al mio Dante secondo le linee da noi sì concordemente tracciate. Diedi ordine alla mia casa che Le venissero spedite prontamente le bozze della Sua *Laude* e della *Vita* scritta dal P. e ad Arcachon la copia del Dante. Sono certo che lo splendore del volume Le procurerà un'accensione poetica sì forte che non durerà alcuna fatica di scrivere l'introduzione in modo da

---

[1] A Nello Mori, il 2 giugno: «D'Annunzio è qui e cercherò di vederlo» (ArO, *Carteggio Olschki*, corrispondente Mori).

[2] L'esemplare è rimasto privo del proemio, nonostante Passerini, nel gennaio 1912, avesse sollecitato d'Annunzio a rinviarlo a Firenze per essere completato: «Caro Gabriele. / Il comm. Olschki, che ti saluta, aspetta l'esemplare del *Dante*, che ti fu mandato ad Arcachon, e che è – come sai – incompleto. Puoi dunque farlo rimandare alla Libreria Leo S. Olschki (Lungarno Acciaioli, 4) donde ti sarà rinviato appena il legatore lo avrà completato del *Proemio* che ora vi manca. È dunque nel tuo interesse affrettare questa spedizione» (AiV, AG, *Olschki Leo S.*, XXXIX, 2).

rimanerne contenta Ella stessa. Giovanni Numeister di Colonia pubblicò a Foligno nel 1472 la prima edizione di Dante ed io conto di essere il primo che offra ora un'edizione omogenea per l'estetica ed il valore letterario. Le confesso ch'io ho aperto una tipografìa quasi esclusivamente allo scopo di pubblicare un'edizione monumentale di Dante, al quale ho dedicato parte grandissima della mia vita. Da Verona diramai nel 1889 il manifesto di voler fondare colà ove Dante avea trovato rifugio ed ospitalità presso gli Scaligeri una Rivista consacrata esclusivamente a lui, alle sue opere ec. Il manifesto fece una grande impressione ovunque ed alla mia impresa fu preconizzata una vita efimera, mentr'io la conduco tuttora con tenacia teutonica e mi compiaccio profondamente di aver dato con essa un nuovo e vigoroso impulso agli studi danteschi in Italia e fuori. Sono oltremodo contento che ciò sia pienamente riconosciuto ovunque. Del mio amore a Dante ed all'Italia conto di aver poi dato anche un'altra prova eloquente: la città di Ravenna avea raccolto una certa somma per erigere a Dante un monumento; io avea fatto una collezione dantesca che è una delle più ricche del mondo e la proposi alla città di Ravenna per sole ventimila Lire rinunciando a ben cinquantacinque mila in più che mi furono offerte da due biblioteche straniere. La mia proposta fu accettata con entusiasmo ed il governo, che aveva fatto esaminare la mia collezione dai dantisti più celebri, riconobbe pienamente l'atto patriottico e m'insignì della commenda della Corona d'Italia.

Aggiungo ora un nuovo merito coll'edizione di Dante alla quale Ella consacrerà una bella pagina.

Rimango qui sino a venerdì nel qual giorno riparto per Parigi (Hôtel Regina).

In attesa di Sue buone nuove Le stringo la mano coll'affetto di un sincero e devoto amico.[3]

Probabilmente Olschki contava di rivedere d'Annunzio nella tappa parigina del viaggio di ritorno, ma poté incontrare solo Antongini, al quale deve aver versato la cifra a suo tempo pattuita per la consegna di quella

---

[3] ArV, AG, *Olschki Leo S.*, XXXIX, 2. Lettera su carta intestata del Grand Hôtel in Trafalgar Square. Riguardo ai rapporti privilegiati di Olschki con la municipalità ravennate, va ricordato che il 19 dicembre 1905 la Biblioteca Classense aveva sottoscritto a Firenze l'acquisto della raccolta che costituisce il nucleo principale della Sala Dantesca: 4.000 volumi a stampa fra monografie e periodici, 470 edizioni della *Commedia*, 9 incunaboli tra cui l'edizione fiorentina del 1481 con il commento di Landino e le incisioni di Baccio Baldini da Botticelli e le due veneziane del 1491 (Claudia Giuliani, *La Biblioteca Classense. I fondi speciali. L'Ottocento*, «Classense», I, 2001, pp. 56-69; C. Tagliaferri, *La libreria antiquaria editrice*, pp. 76-77). La lunga trattativa che portò alla vendita ad un prezzo di favore è dettagliatamente ripercorsa attraverso i documenti dell'epoca da Santi Muratori, *La Sala Dantesca nella Classense*, in Id., *Scritti danteschi*, a cura di Giovanna Bosi Maramotti, Ravenna, Longo, 1991, pp. 25-40. La Classense possiede l'esemplare n. 204, dono dell'editore come da accordi stabiliti il 10 maggio 1905, in base ai quali «il cav. Leo Olschkj [*sic*] libraio-editore dichiarava di cedere alla città di Ravenna [...] la sua grande biblioteca dantesca per L. 20.000 e in segno di perpetuo affettuoso omaggio s'impegnava a mandare gratuitamente un esemplare d'ogni nuova pubblicazione di soggetto dantesco che fosse per uscire dalla sua casa» (*ivi*, pp. 33-34).

prefazione che era poi divenuta nelle intenzioni del poeta una vita in terza rima da affiancare alla *Laude di Dante* (già apparsa in *Elettra*) e al profilo biografico dell'Alighieri scritto da Passerini. È quanto lascia intendere la lettera del successivo 28 giugno:

> Mi dispiacque assai di non averLa potuta più vedere avanti la mia partenza da Parigi, ma non dubito che l'avv. Antongini Le avrà riferito del nostro colloquio. Intanto Le sarà giunto il mio volume eccitatore e non dubito che si sarà messo sùbito al lavoro per farmelo avere ancora prima della data stabilita. A Firenze erano stupiti del mio atto amichevole verso di Lei dopo quanto era avvenuto ma io ho fede incrollabile nella Sua parola e la profonda convinzione che questa non sarà delusa.
>
> Ancora da Versailles e sùbito dopo la nostra piacevolissima conversazione ne diedi conto al Passerini il quale conosce dunque i nostri accordi e Le avrà anche nel frattempo spedito le bozze della Sua *Laude*; ordinai che Le venissero anche inviate quelle della *Vita* scritta dal Passerini. Vidi in fine della *Laude* la nota della riproduzione che si deve sopprimere come Le avea detto e che Ella approvava come ben naturale. La *Laude* potrà far parte integra della Sua introduzione senza che abbia il carattere di una ristampa che stonerebbe con quello d'una edizione monumentale. Ella m'ha compreso perfettamente mentr'io non ho bisogno davvero di aggiungere altro in proposito.
>
> Partiamo oggi per Johannisburg dove ci tratterremo sino a domenica 2 luglio e poi ritorneremo a Firenze per andar a Vallombrosa. [...] Sarei ben contento se mi telegrafasse una parola intorno al suo lavoro dopo la ricezione della presente all'indirizzo Olschki Johannisburg (Prussia orientale).[4]

Nell'Archivio del Vittoriale si conservano le bozze di stampa della *Laude* e della *Notizia delle cose stimabili intorno alla vita di Dante per Giuseppe Lando da Cortona*, che recano correzioni a matita di mano di d'Annunzio.[5] In particolare, le strofe iniziali della lirica erano state impaginate entro una cornice di cui il tipografo della Giuntina aveva preparato due prove di stampa, una di colore rosso e l'altra di colore nero, su cui d'Annunzio appuntava: «La cornice credo starà meglio in rosso» (Fig. 23). Anche la numerazione romana delle pagine del sedicesimo venne rivista e corretta dal poeta, che collocò da p. VII a p. X la *Notizia* e da p. XI a p. XV la *Laude*, prevedendo di conseguenza di inserire da p. I a p. VI il suo testo originale e a p. XVI la riproduzione della prima figura dell'*Inferno*. La nota di chiusura, «FINITO IL CARME DI GABRIELE D'ANNUNZIO / IN LAUDE DI DANTE / COL CONSENTIMENTO DELL'AUTORE / E CON LICENZA DELL'EDITORE MILANESE / QUI NOVAMENTE IMPRESSO»,

---

4 ArV, AG, *Olschki Leo S.*, XXXIX, 2.

5 ArV, AP, lemma 147.

IN LAVDE DI DANTE

OCEANO senza rive infinito d'intorno e oscuro
ma lampeggiante, e con un silenzio sotto i
terribili tuoni
immoto ma vivente come il silenzio delle
labbra che parleranno:
tenebrore dei Tempi, profondità dell'affanno
umano, assidua mutazione delle cose, ritorno
perpetuo delle sorti:
oceano senza rive tra due poli, tra il Bene e il Male,
con le sue bave disperse dalla procella eternale,
co' suoi abissi ingombri dalle spoglie dei popoli morti,
era il Destino;

e tu come una rupe, come un' isola montuosa,
come una solitudine di pensiero e di potenza,
come una taciturna mole di dolor meditabondo
che ode e vede,
sorgevi uno dal gorgo; e nell' ululo delle prede,
nel sibilo dei nembi, nel rombo delle correnti,
il tuo orecchio udiva
quel silenzio e la sola Parola che doveva esser detta;
e di sotto alla fronte percossa dalle schiume e dai vènti
il tuo occhio insonne vedeva infiammarsi il mondo
all'alta tua vendetta.

La cornice credo starà meglio in rosso

Fig. 23. Gabriele d'Annunzio, *In laude di Dante*. Bozze di stampa con scritta al piede (Archivio del Vittoriale).

avrebbe dovuto essere stampata in rosso, ma è quella che Olschki aveva chiesto di eliminare perché inopportuna. Alla fine, come si vedrà più avanti dal carteggio con Passerini, nel volume troverà spazio solo il proemio e tutto il resto verrà sacrificato per conferire ad esso un risalto ancora maggiore.

Ripartivano, a questo punto, le sollecitazioni postali di Olschki all'indirizzo di Arcachon, affinché d'Annunzio consegnasse la vita di Dante in terza rima entro la nuova data convenuta del 15 luglio: biglietti e telegrammi fittissimi, anche più stringenti di quelli precedenti la brusca rottura del mese di maggio,[6] ma che sortirono lo stesso effetto; così come scarsa efficacia ebbero anche le insistenze di Passerini,[7] sporadiche in verità, a indicare che la faccenda stavolta era stata presa in carico direttamente dall'editore. Privo degli strumenti di lavoro della sua officina,[8] d'Annunzio faticava non poco nella elaborazione di quel testo e lo dimostra il fatto che dall'iniziale progetto di un profilo biografico, poi divenuto testo in versi, si era passati

---

6 Il 6 luglio: «Ebbi a Johannisburg il suo dispaccio e ne La ringrazio vivamente. Sono lieto che il volume le piace e ch'Ella si sia messo sùbito al lavoro. Lunedì 10 corr. sarò di ritorno a Firenze e sarei ben contento se vi trovassi già il suo manoscritto». Il 13 luglio: «Mi giunse gradito il Suo dispaccio in risposta al mio d'ieri e ne La ringrazio. Non dubito menomamente che il Suo lavoro mi piacerà: l'attendo con ansia e spero che all'arrivo di questa lettera sarà già in viaggio al mio indirizzo. La mia casa Le ha spedito ieri "La Nazione" con un articolo intorno alla mia edizione che fa ovunque profonda impressione. Il Comitato dell'Esposizione di Roma m'inviò una lettera entusiastica e da tutte le parti mi giungono domande insistenti del volume, alle quali rispondo, in base all'impegno da Lei assunto, che l'edizione uscirà indubitabilmente entro questo mese. Le rammento la solennità del Suo impegno al quale, di certo, non potrà mancare verso l'aff^{mo} suo amico». Il 14 luglio: «Nulla dies sine linea! Confermo la mia d'ieri ed in attesa del suo manoscritto Le stringo la mano con affetto». Segue una serie di telegrammi diretti ad Arcachon, di cui è leggibile la sola data di arrivo a scadenza ormai superata. Il 18 luglio: «Nuovo ritardo sorprendemi immensamente rammentole impegno assoluto improrogabile quindici corrente salutissimi». Il 20 luglio: «Mancanza impegno impressionami pregola rassicurarmi inviando sospirato manoscritto cordialmente». Data non leggibile: «Impossibile attendere oltre inosservanza impegno impressionami sinistramente pregola liberarmi subito terribile imbarazzo inviandomi lavoro vale» (ArV, AG, *Olschki Leo S.*, XXXIX, 2).

7 Nella lettera di Passerini a d'Annunzio del 14 luglio: «Olschki, che è ora qui, – domanisera [*sic*] va a Vallombrosa – *aspetta*. È entusiasta di te, e dell'accoglienza onesta e lieta. Vedi di contentar presto lui e me, mandando quel manoscritto che il nostro Dante aspetta!», ArV, AG, *Passerini G. Lando*, XXVII, 2. Ma da Arcachon giungevano dispacci per nulla confortanti: «Desolatissimo per amico Olscki [*sic*] ma egli comprenderà il mio tormento» (F. CRISTELLI, *Giuseppe Lando Passerini*, p. 139). Va osservato che, più del proemio dantesco, in quelle settimane a Passerini stavano a cuore le bozze del suo *Vocabolario della poesia dannunziana*, in uscita presso Sansoni (1912). Tra il luglio e l'agosto furono inviate a d'Annunzio per una revisione.

8 La mancanza di libri fu un autentico problema per d'Annunzio negli anni dell'espatrio. In una lettera senza data, ma del 1912, tornava sull'argomento: «Ho bisogno di fare alcuni riscontri e non ho qua, ora, alcune opere che ti prego di procurarmi. Non ho che due o tre Danti: troppo, e troppo poco; né ti so dire il tormento prodigioso che ho provato nello scrivere senza libri quel proemio alla Divina Commedia e come io soffra sempre e mi arrovelli per questa sciagura dei libri» (ArV, AP, fascicolo *Passerini G. Lando*, inv. 24766).

alla composizione di un proemio in prosa. Ad Antongini, come si è letto nel suo ricordo, confidava di scrivere «con un'indicibile pena, come se avesse tutti i secolari comenti di Dante sullo stomaco!», aggiungendo però: «Voglio sforzarmi di finire, senza interrompere». Poi lamentava: «non potrò venire in barca perché debbo terminare la mia prosa; e ieri non ho lavorato [...]», ma a un certo punto gli annunciava: «Ho preso l'aìre nella prosa dantesca, e bisogna che non interrompa il corso. Lavorerò tutto il giorno sperando di terminare domani».[9] Al contempo, sull'altro versante, una lettera di Olschki datata 2 agosto (Figg. 24-25) segnalava il disagio senza precedenti dell'editore, lasciando tuttavia trasparire qualche timido segnale verso la conclusione dell'annosa attesa:

> Grazie del telegramma in risposta al quale mi permetto di riscontrarLe che, quand'anche mi pervenga sùbito il Suo manoscritto, l'edizione non potrà essere consegnata ai sottoscrittori avanti l'autunno poiché i lavori di *bibliopagìa* esigono parecchi mesi. Appunto per questa ragione abbiamo fissato quel ultimo termine per la consegna del manoscritto il 15 Luglio ch'Ella ha accettato incondizionatamente, come ben si ricorderà, ed Ella comprenderà che un indugio ulteriore non è più possibile. I giornali continuano a parlare della Sua Vita in terza rima senza ch'io ne abbia mai parlato con chichessia, e si capisce ch'io l'avrei ricevuta con molto piacere ma purtroppo io non posso più attendere. La metà dei miei sottoscrittori ha già ritirato l'impegno per il ritardo della pubblicazione: qui unita troverà una disdetta che m'è giunta oggi stesso. Dalla fine dell'anno passato siamo pronti col lavoro ed attendiamo la Vita e secondo le Sue promesse abbiamo dovuto cambiare infinite volte l'annuncio della data di pubblicazione ed infine mancare!
>
> Il Suo dispaccio m'annuncia l'immediata spedizione della Sua prefazione in prosa e non dubito che dessa sarà già avvenuta; da parte mia posso assicurarLe che, appena giunta, sarà sùbito composta e ne riceverà immediatamente le bozze.
>
> Sono persuaso che riconoscerà l'imbarazzo enorme nel quale io mi sono trovato e mi trovo tuttora per colpa Sua e che, apprezzando la mia longanimità e la delicatezza usateLe a profusione per riguardo ed amicizia sincera, vorrà liberarmene con onore senz'altro indugio.[10]
>
> In tale attesa Le stringo la mano cordialmente.

La stima delle perdite fatta da Olschki in termini di sottoscrizioni venute meno potrà apparire esagerata, ma è certo che il ritardo nell'uscita del volume costituì un *vulnus* nella reputazione della Casa Editrice, ancorché presto superato.

---

[9] T. ANTONGINI, *Quarant'anni con d'Annunzio*, pp. 184-185.

[10] ArV, AG, *Olschki Leo S.*, XXXIX, 2, lettera datata 2 agosto 1911.

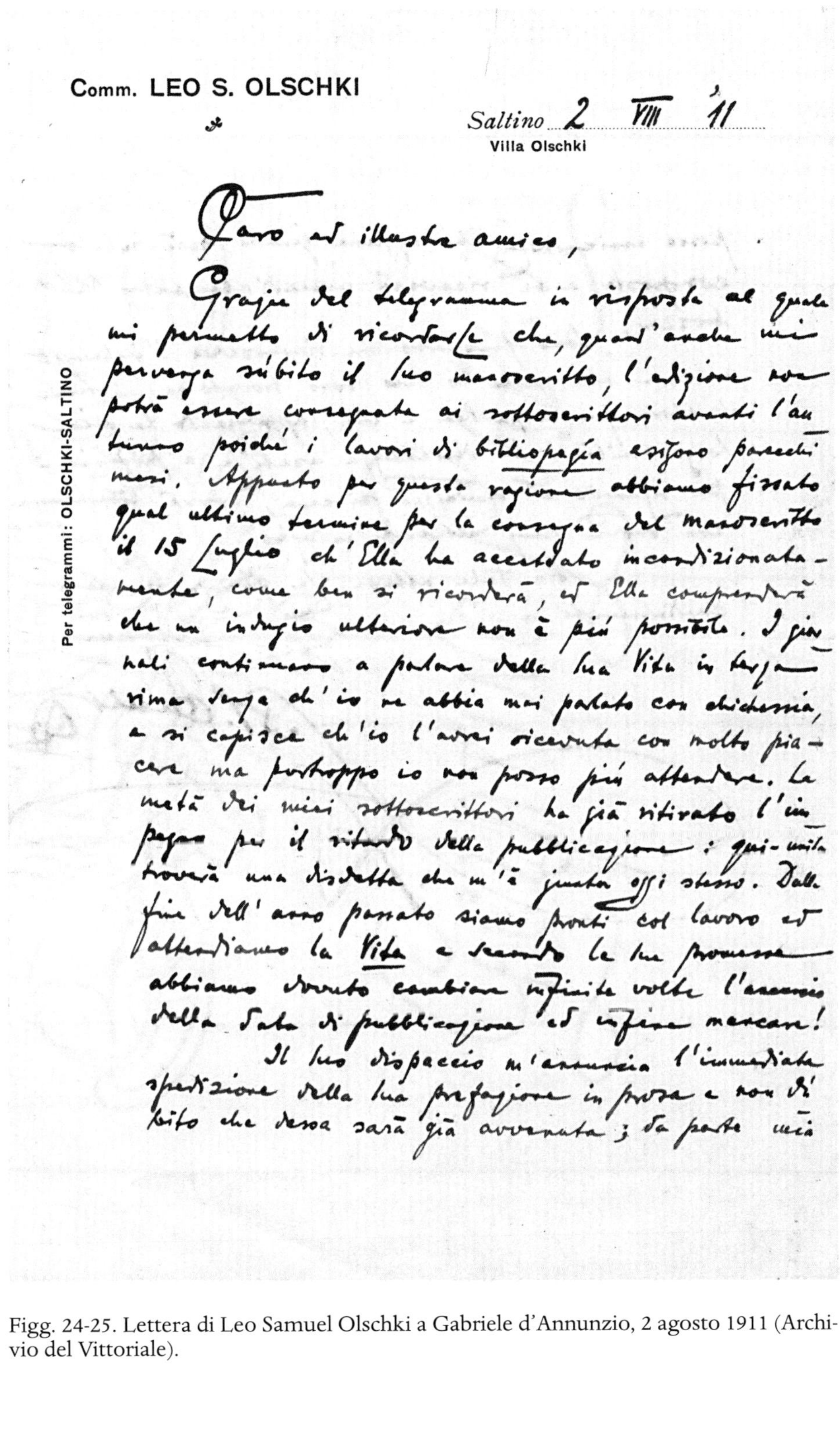
Comm. LEO S. OLSCHKI

Per telegrammi: OLSCHKI-SALTINO

Saltino 2 VIII 11
Villa Olschki

Caro ed illustre amico,

Grazie del telegramma in risposta al quale mi permetto di ricordarLe che, quand'anche mi pervenga subito il suo manoscritto, l'edizione non potrà essere consegnata ai sottoscrittori avanti l'autunno poiché i lavori di bibliopegia esigono parecchi mesi. Appunto per questa ragione abbiamo fissato qual ultimo termine per la consegna del manoscritto il 15 Luglio ch'Ella ha accettato incondizionatamente, come ben si ricorderà, ed Ella comprenderà che un indugio ulteriore non è più possibile. I giornali continuano a parlare della sua Vita in terza rima senza ch'io ne abbia mai parlato con chicchessia, e si capisce ch'io l'avrei ricevuta con molto piacere ma purtroppo io non posso più attendere. La metà dei miei sottoscrittori ha già ritirato l'impegno per il ritardo della pubblicazione: qui-unita troverà una disdetta che m'è giunta oggi stesso. Dalla fine dell'anno passato siamo pronti col lavoro ed attendiamo la Vita e secondo le sue promesse abbiamo dovuto cambiare infinite volte l'annunzio della data di pubblicazione ed infine mancare!

Il suo dispaccio m'annunzia l'immediata spedizione della sua prefazione in prosa e non dubito che essa sarà già avvenuta; da parte mia

24

Figg. 24-25. Lettera di Leo Samuel Olschki a Gabriele d'Annunzio, 2 agosto 1911 (Archivio del Vittoriale).

posso assicurarLa che, appena giunta, sarà subito composta e ne riceverà immediatamente le bozze.

Sono persuaso che riconoscerà l'imbarazzo enorme nel quale io mi sono trovato e mi trovo tuttora per colpa sua e che, apprezzando la mia longanimità e la delicatezza usataLe a profusione per riguardo ed amicizia sincera, vorrà liberarmene con onore senz'ulteriore indugio.

In tale attesa Le stringo la mano cordialmente.

Suo aff.mo

[illegible]

X
DE COMOEDIA DANTIS

Alla fine, la tanta sofferta creazione avvenne e alla metà di agosto d'Annunzio poteva spedire a Vallombrosa, per posta raccomandata, lo scritto *De Comoedia Dantis*, datato in calce «Il giorno dopo quello dell'Assunzione, sol calando» (Tavv. XV-XLVIII). L'invio era accompagnato dalla lettera seguente (Tavv. IV-X):

Mio caro amico,
non mi perdo in parole per giustificare il mio indugio. Ella troverà un accenno alla mia angoscia nella prosa che Le mando.

Parlare di Dante dicendo cose nuove con modi potenti è impresa disperata. Nel mio caso ancor più difficile era trovar l'*accento* giusto. Credo d'averlo alfine trovato.

In ogni modo, mi sembra di non aver mai scritto in una lingua più schietta e più energica. Son contento di non aver su me pur la più lieve traccia d'infranciosamento.

Ella mi chiedeva una bella pagina. Il mio manoscritto si compone di pagine trentacinque. Ho dunque più che colmata la misura. Lascio Lei giudice se convenga ristampar, dopo questa prosa, la mia Laude.

È necessario che io riveda le bozze. Me le mandi: le rinvierò nello stesso giorno.

Imagini l'affanno del dover lavorare senza libri! Non ho qui se non tre o quattro Danti e niente altro.

(A proposito, le incisioni della edizione di Niccolò della Magna si possono attribuire al Botticelli?

Confronti se il colophon della edizione di Foligno sia esatto.)

Penso che, dopo il tuono dell'ira, Ella voglia ferirmi d'un raggio di sole. Per far cosa grata all'amico Passerini accettai condizioni molto, in verità, umili. Talvolta gli Umanisti esercitavano l'arte liberale della dimenticanza. Penso ch'Ella dovrebbe dimenticare d'aver versata una certa somma al mio segretario (io non la vidi né conobbi), e considerare con animo novo la mia prosa numerosa.

In tal caso io Le donerò il mio manoscritto originale, ov'Ella vedrà con qual penna sia vergata la Sua lode.

Che debbo or fare del mio esemplare? Rimandarlo?

Publicherò nel *Corriere della Sera* il mio Proemio. Il Passerini sa che m'ero riserbato questo diritto; il quale non può non esserLe graditissimo. L'elogio del Libro non potrebbe aver più larga e degna divulgazione. Per ciò La prego di guardarsi dalle indiscrezioni, nel caso che i gazzettieri facciano ressa secondo il lor costume.

Penso con malinconia alle selve di Vallombrosa, e alla casa ospitale ove gustai vivande non men saporite dei bei libri in custodia.

Quando ci rivedremo? L'esilio è certo una prova eccitatrice per uno spirito robusto; ma incomincia a pesarmi. E più d'ogni altra cosa soffro della mancanza di libri. Ed Ella sa che anche la mia biblioteca è in pericolo!

O patria!

Le stringo la mano affettuosamente.

Il Suo Gabriele d'Annunzio

Arcachon: 16 agosto 1911.

A caldo, dal Saltino, Olschki riscontrava l'invio con un telegramma entusiasta e solidale, giunto ad Arcachon il 21 agosto: «Ebbi lettera e manoscritto che lessi e rilessi con ineffabile godimento grazie sentite amico carissimo duolmi rilevare dagli scritti animo depresso surge et opera in hoc signo vince vale faveque». Due giorni dopo, l'editore scriveva a d'Annunzio più distesamente, rispondendo alle sue richieste intorno ad alcuni importanti incunaboli della *Commedia* ricordati nel proemio e soprattutto "autorizzando" la pubblicazione sul «Corriere della Sera»:

[...] confermo il mio telegramma in tutti i suoi particolari e ripeto che il Suo proemio è degno di Dante e di Lei per la densità di pensieri sublimi, la mirabile costruzione e l'elevatezza poetica del linguaggio scultorio.

Il manoscritto fu subito spedito alla tipografìa ed al giungere di queste righe Ella ne avrà già avuto le bozze che vorrà ritornare con cortese sollecitudine.

Non ristampo più la *Laude* né inserisco nel volume monumentale la *Vita* scritta dall'amico Passerini; questa sarebbe in stridente contraddizione col concetto del Suo proemio. Sono certo che Ella apprezzerà pienamente il mio divisamento.

Le incisioni in rame della edizione di Niccolò della Magna (che era un tedesco dal nome di Nicolaus Lorenz di Breslavia, italianizzato in Nicholo di Lorenzo della Magna) si attribuiscono generalmente all'orefice fiorentino Baccio Baldini il quale le eseguì sui *disegni* di Sandro Botticelli; e perciò comunemente si parla dell'edizione illustrata da Botticelli, ed a buon diritto.

Il *colophon* dell'edizione folignate è stato da Lei riportato esattamente.

La ringrazio delle bellissime parole a mio riguardo, parole che suonano per me premio ambito della mia operosità dedicata al culto dell'Altissimo poeta. Aderisco al suo desiderio di schierarmi fra quegli umanisti che esercitavano l'arte liberale della beneficenza, benché un esempio concreto non mi sia ancor noto, e la prego di mandarmi il Suo manoscritto originale del Proemio e gli appunti per l'iniziato lavoro in terza rima, in premio di che bisserò la mia opera suonante. È contento? Non dubito che lo sarà ed interpreterà la mia liberalità quale testimonianza eloquente dell'affetto ch'io Le porto. Le nubi fugaci di una collera momentanea sono sparite; è ritornata la serenità senz'ombra di rancore ed imperturbabile.

Ritorni l'esemplare del mio Dante a Firenze in cambio d'un altro col Suo proemio.

Non ho nulla in contrario acché si pubblichi nel *Corriere della Sera*; ignoravo che tale patto fosse stato convenuto fra Lei ed il Passerini, mentr'io spontaneamente avevo incaricato il Suo segretario di dirLe che lascio Lei giudice se Le convenga o no di farlo.

Ella ricorda melanconicamente la selva di Vallombrosa, la mia casetta, i miei libri e mi fa comprendere in quale stato di animo depresso Ella or si trovi; ne sono assai, assai dolente, ma ho il profondo presentimento che le Sue tribolazioni avranno presto un termine, che potrà fra non molto ritornare indisturbato alla patria e lavorare fra i Suoi diletti volumi... ad maiorem patriae gloriam.

So che la Sua biblioteca è in grave pericolo: cercherò di conoscere da Coselschi tutti i particolari di cotale triste questione e mi studierò di operare vigorosamente per la salvezza dei suoi libri.[1]

L'accoglienza riservata da Olschki al proemio fu dunque esaltante, vuoi per il taglio encomiastico di queste pagine, che ponevano il moderno editore sullo stesso piano degli stampatori dei preziosi incunaboli danteschi, vuoi per il cessare dell'attesa. Quel testo, a cui d'Annunzio nelle ristampe delle sue opere avrebbe poi dato un titolo meno referenziale, *Dante gli stampatori e il bestiaio*, resta un documento significativo del dantismo dannunziano.[2] Ma ancor prima di vedere la luce nell'edizione monumentale, d'Annunzio ne aveva concordato con Albertini l'anticipazione sul «Corriere della Sera», che avvenne il 27 agosto[3] tra le *Faville del maglio* che apparivano regolarmente nell'edizione domenicale del giornale dalla fine di luglio. Anche questo è un episodio interessante nella storia dei rapporti di d'Annunzio con Olschki, a riprova della gestione molto rispettosa delle esigenze economiche del poeta a cui l'editore non derogò neanche in questa situazione decisamente delicata, di fronte a una scelta del poeta ai limiti della correttezza. Nelle more dell'invio a Vallombrosa, d'Annunzio aveva

---

1 Il telegramma del 21 e la lettera del 23 agosto in ArV, AG, *Olschki Leo S.*, XXXIX, 2.

2 Ora in GABRIELE D'ANNUNZIO, *Prose di ricerca*, I, a cura di Annamaria Andreoli e Giorgio Zanetti, Milano, Mondadori, 2005, pp. 1623-1634. Comes lo ha illustrato nel capitolo *D'Annunzio lettore di Dante* della sua monografia: SALVATORE COMES, *Capitoli dannunziani*, Milano, Mondadori, 1967, pp. 67-103. Ne parla anche SIMONA COSTA, *D'Annunzio e Dante*, in *Terre, città e paesi nella vita e nell'arte di Gabriele d'Annunzio*, II-III, *La Toscana, l'Emilia-Romagna, l'Umbria e la Francia*, a cura di Silvia Capecchi, Pescara, Ediars, 1999, pp. 57-70.

3 GABRIELE D'ANNUNZIO, *Comoedia Dantis*, «Corriere della Sera», 27 agosto 1911, p. 3. In ArV, AP, lemma 146, si conservano bozze di stampa con correzioni autografe e intitolazione *Dante gli stampatori e il bestiaio*.

infatti scritto ad Albertini: «Spedii già *martedì* il sesto articolo della serie. Prima del settimo spedirò la prosa che è preposta all'edizione monumentale di Dante. Per evitare indiscrezioni e debolezze da parte dell'Olschki, converrà stamparla senza ritardo». E pochi giorni dopo: «Le mando la mia prosa su Dante. Essa certamente sarà composta nella tipografia dell'Olschki con la massima rapidità, perché il volume attende *da un anno*!». In queste circostanze, combinava con Albertini: «Bisogna dunque ch'Ella la pubblichi sul Corriere entro la settimana ventura, non più tardi; per evitare il pericolo delle indiscrezioni», e gli sollecitava: «Le sarò grato se vorrà raccomandare al correttore la più acuta diligenza. In scritti di tal genere un nome storpiato, una data sbagliata, una virgola trasposta sono errori imperdonabili».[4]

Un'altra importante e inedita informazione che emerge dalla lettera di d'Annunzio del 16 agosto riguarda il «manoscritto originale» che il poeta offriva al buon cuore del liberale umanista. Si tratta di cosa diversa dall'autografo appena inviato e in esso è da riconoscere la prima stesura del proemio: 34 carte tormentatissime, piene di correzioni, di cassature e di aggiunte interlineari, che hanno valore di primo testimone nella tradizione di questo scritto dannunziano. La lettera di risposta del 23 agosto, dove con gli stessi toni allusivi del poeta Olschki sostanzialmente si impegnava all'acquisto («bisserò la mia opera suonante»), fu vista con un certo ritardo da d'Annunzio, che tuttavia, rassicurato da Passerini, ebbe per certa la non quantificata «liberalità» olschkiana. Deriva da qui la notizia del doppio pagamento divulgatasi attraverso il racconto di Antongini in *Vita segreta di Gabriele d'Annunzio*, ma in realtà in quella circostanza Olschki entrò in possesso di due manoscritti del proemio: la copia in pulito che lo aveva raggiunto al Saltino e che venne passata in tipografia, e insieme ad essa la prima stesura che poco dopo, da Arcachon, avrebbe preso la stessa strada. Questo manoscritto è oggi custodito nella cassaforte del Centro Dantesco di Ravenna, acquistato nel 1966 dall'istituzione fondata dalla Provincia bolognese dei Frati minori conventuali alla vigilia del VII Centenario della nascita dell'Alighieri. È assai probabile che se ne fossero perse le tracce nel crollo della villa Olschki di via Vanini, vittima anch'esso delle mine tedesche che nel '44 seppellirono parte della storia della Casa Editrice, e che sia poi ricomparso sul mercato antiquario insieme alla citata lettera del 16 agosto e a un'altra missiva inedita di d'Annunzio a Olschki, datata al 30 dello

---

[4] F. Di Tizio, *D'Annunzio e Albertini*, pp. 71-72. Le lettere, prive di data, sono collocate dal curatore rispettivamente all'inizio della seconda e della terza decade del mese di agosto. Della stampa del proemio sul «Corriere della Sera» si parlava comunque fin dal mese precedente (*ivi*, p. 64).

stesso mese, analogamente preziosa e significativa nel quadro della vicenda del «manoscritto originale» (Tavv. XI-XIV):[5]

Mio caro amico,

grazie della Sua bella e calda lettera. Liberalmente Ella attenua in me i rimorsi del lungo indugio con le lodi dell'opera.

E grazie anche dell'altra liberalità, la quale dovrebbe di ogni rappresaglia d'indugio esser franca per non simigliare «il soccorso di Pisa».

Come la rondinella, le mie cure dicono:

«Il settembre innanzi viene...»

Le ho spedito il manoscritto intiero. Spero che Le sia giunto, se bene oggi io riceva un Suo saluto ravennate. Guardando il sole morire su i pini del mio parco sabbioso, e ripensando il lido di Chiassi, più acutamente ho sofferto il male della patria.

Più d'ogni altra Sua gentilezza mi tocca quella dell'aver volto il pensiero ai miei libri, a quel cibo che *solum* è mio, come direbbe il Segretario. Li riavrò? Li perderò? Non so dirLe quanto io sia angosciato in cuore.

Dalle parole di noti e d'ignoti qui giuntemi, sembra che la mia prosa abbia commosso qualche animo. Ne son lieto per Lei e per il Libro.

Rispedisco il volume ponderoso; ma non manchi di rimandarmelo presto. L'Esule conforta l'esule. Mi ricordi al Suo ornatissimo Leonardo. Gli dica che mi scriva e mi parli del suo lavoro e dei suoi disegni. Non ho dimenticato le giornate musicali della Versilia.

A rivederci, mio caro amico. La gentilissima duchessa Riario mi scrisse d'una visita recente e degli amichevoli ricordi.

Le stringo la mano affettuosamente.

Gabriele d'Annunzio

30 agosto 1911, Arcachon

Si conserva la cartolina illustrata con il *Dante in esilio* di Domenico Peterlin spedita da Ravenna il 27 agosto (Figg. 26-27).[6]

---

[5] Il «manoscritto originale» e le due lettere dannunziane pervennero al Centro Dantesco per acquisto dall'antiquario Carlo Alberto Chiesa, come da documentazione esistente presso il Centro stesso (Gino Zanotti, *La biblioteca del «Centro Dantesco» in Ravenna. Dai manoscritti alle edizioni del Settecento*, Ravenna, Longo, 2001, p. 56). Riproduzioni fotostatiche delle missive e del proemio *De Comoedia Dantis* si trovano rispettivamente in ArV, AP, fascicolo *Olschki Leo S.*, s.n. inv. e in ArV, AP, lemma 2204. Il Centro Dantesco conserva un esemplare della *Commedia* monumentale non numerato e su carta non filigranata e più leggera, entrato in biblioteca nel 1971. Si tratta probabilmente della rilegatura di un *tirage* di prova, su cui compaiono anche diverse correzioni nelle rubriche che risultano apportate nella stampa definitiva.

[6] ArV, AG, *Olschki Leo S.*, XXXIX, 2. «Traversando la pineta di Chiassi Le dedicarono un pensiero amichevole Leo S. Olschki e famiglia».

26

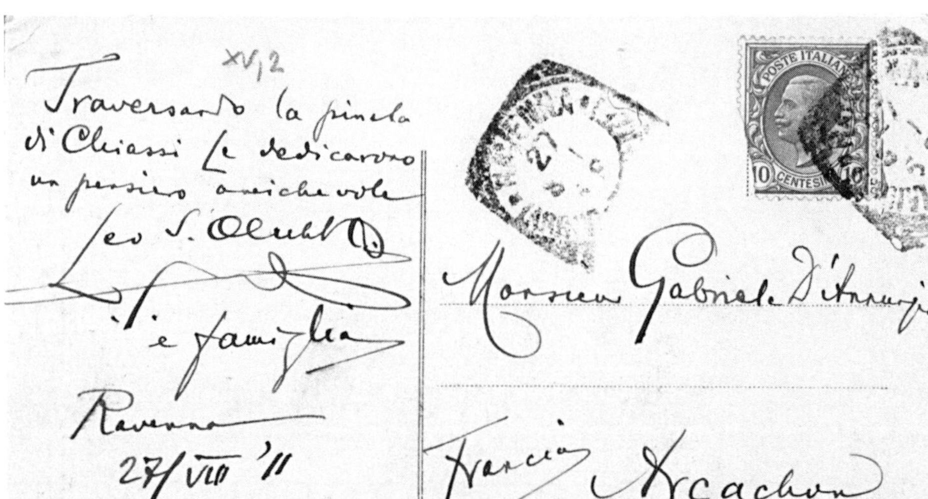

27

Figg. 26-27. Cartolina illustrata (Archivio del Vittoriale).

XI
IN TIPOGRAFIA

Passerini intanto, rimasto a Firenze, curava la composizione del proemio in tipografia, seguiva la faccenda della cessione del «manoscritto originale» al più che ben disposto editore e teneva i contatti con d'Annunzio per la revisione delle bozze. Il fitto invio di lettere ad Arcachon negli ultimi dieci giorni del mese di agosto del 1911 fornisce dettagli interessanti sul modo di lavorare del curatore e del poeta. Insieme con l'emozione per il «mirabile Proemio», subito consegnato al tipografo Lorenzo Franceschini per la composizione («È una cosa magnifica, e io ne sono così commosso da non trovare parole per dirti quanta è la mia gratitudine»; Fig. 28), c'era l'altra questione che Passerini così sintetizzava: «Olschki è felice. Credo che riceverà con letizia il manoscritto originale, e spero che vorrà dimenticare di aver pagata la piccola somma al tuo segretario. Io gli ho scritto subito, anche per questo». E riguardo alla copia della *Commedia* già nelle mani di d'Annunzio aggiungeva: «Credo che sarà bene che tu rimandi qua l'esemplare del Dante, che dovrà esser completato del Proemio e ti sarà poi restituito».[1] Da parte sua, d'Annunzio mostrava una certa apprensione per il pagamento, mandava telegrammi inquieti da Arcachon[2] e Passerini lo rassicurava, giocando su più tavoli: «Non so se l'O. ti ha mandato del denaro. Forse sì. Certo lo manderà. Domani vedrò. Forse lassù [a Vallombrosa] non dispone di molti fondi. Ma egli è addirittura inebriato di gioia per quel

[1] ArV, AG, *Passerini G. Lando*, XXVII, 2, lettera del 21 agosto su carta intestata della «Libreria antiquaria» e «La Bibliofilía». In effetti Passerini fece passare un solo giorno e tornò a sollecitare Olschki, come assicurava a d'Annunzio il 22 agosto: «Ieri ti scrissi, pel Proemio: e prevedendo i tuoi desideri, scrissi all'O. raccomandando. Occorrendo ci tornerò sopra, ma credo che farà. Oggi ti ho fatto spedire dal tip. le bozze. Io non porrei alcun titolo: ma tu dammi il tuo consiglio. Ho soppresso e la *Laude* e la *Vita*: dopo il tuo Proemio miracoloso tutto è inutile. Son lieto delle lodi al buon Franceschini: ma sai che s'egli ha potuto far tanto lo deve all'opera mia? Io ideai il Libro, io ne diressi e seguitai, non poco penando, il faticoso lavoro! Anche O. lo sa, e spero vorrà compensarmene. [...] rimanda a me, *subito*, le bozze del Proemio» (ArV, AG, *Passerini G. Lando*, XXVII, 2, cartolina postale del «Giornale Dantesco»).

[2] F. Cristelli, *Giuseppe Lando Passerini*, p. 139.

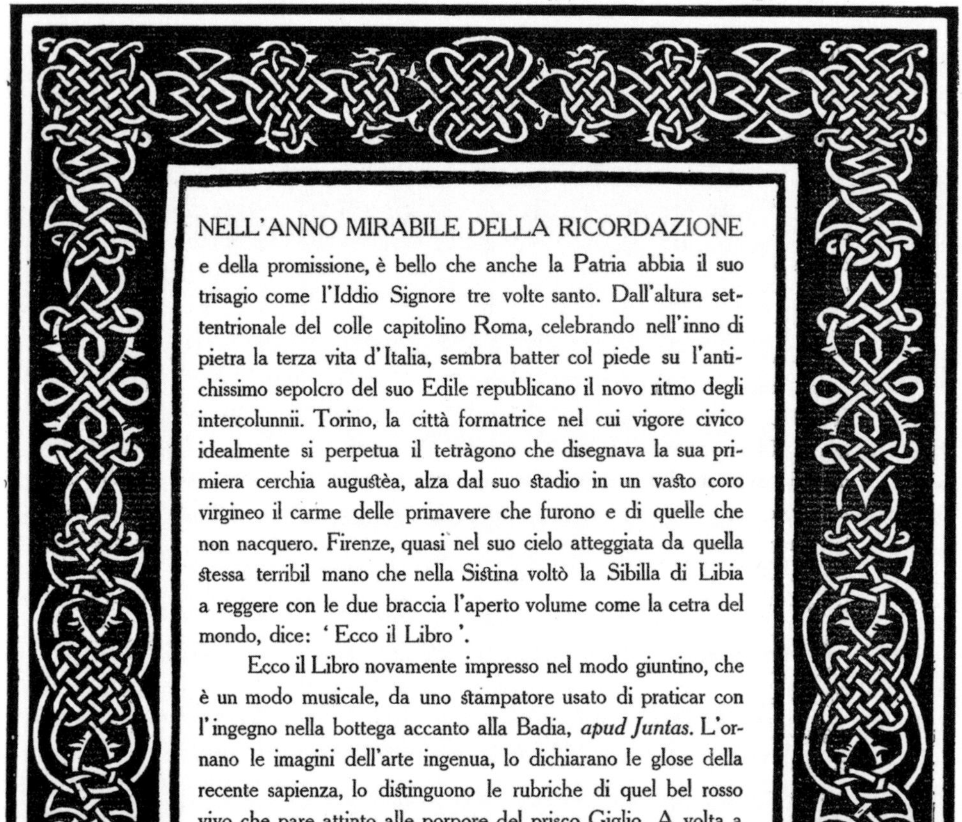

NELL'ANNO MIRABILE DELLA RICORDAZIONE e della promissione, è bello che anche la Patria abbia il suo trisagio come l'Iddio Signore tre volte santo. Dall'altura settentrionale del colle capitolino Roma, celebrando nell'inno di pietra la terza vita d'Italia, sembra batter col piede su l'antichissimo sepolcro del suo Edile republicano il novo ritmo degli intercolunnii. Torino, la città formatrice nel cui vigore civico idealmente si perpetua il tetràgono che disegnava la sua primiera cerchia augustèa, alza dal suo stadio in un vasto coro virgineo il carme delle primavere che furono e di quelle che non nacquero. Firenze, quasi nel suo cielo atteggiata da quella stessa terribil mano che nella Sistina voltò la Sibilla di Libia a reggere con le due braccia l'aperto volume come la cetra del mondo, dice: 'Ecco il Libro'.

Ecco il Libro novamente impresso nel modo giuntino, che è un modo musicale, da uno stampatore usato di praticar con l'ingegno nella bottega accanto alla Badia, *apud Juntas*. L'ornano le imagini dell'arte ingenua, lo dichiarano le glose della recente sapienza, lo distinguono le rubriche di quel bel rosso vivo che pare attinto alle porpore del prisco Giglio. A volta a volta vi traspare in filigrana, per la pagina che sotto il dito volgente crepita o garrisce, l'effigie laureata del Cantore entro la corona chiusa come il cerchio dell'Eternità, e il nome del bibliopòla deditissimo scritto in sigla entro il cuore diviso e crociato ch'è segno d'amore e di travaglio. Lo spazio dei margini, le distanze tra linea e linea, la disposizione dei fregi, la collocazione dei segni, tutte le varie accortezze e grazie della stampa seguono la regola medesima che conduce il musico o l'architetto nel compartir gli intervalli. E da una singolare vicenda, che per ricorrere varca piú di quattro secoli, sembra accresciuta la nobiltà del lavoro.

Fig. 28. Proemio a stampa nell'edizione monumentale.

Proemio. Tu hai saputo toccare il suo più sensibile tasto: egli si sente cresciuto di molti palmi! Tutto dunque è favorevole».[3]

Tre lettere in tre giorni avevano raggiunto d'Annunzio con le bozze di stampa, da rivedere rapidamente per definire tutti i dettagli. Passerini propendeva per non mettere alcun titolo al proemio, ma lasciava la decisione finale all'autore. Suggeriva di scegliere «per la prima pagina anzi che la cornice rossa, che avventa*va* troppo, la cornice in nero, con iniziale grande, rossa» e raccomandava di fare attenzione alla «N che ha messo Franceschini [che] non è quella che io ho scelto: deve esser sostituita con la N. del I° d'*Inferno*. Ti prego di un tuo consiglio anche su questo».[4] Non mancava poi di sottolineare i propri meriti nel progetto e nell'esecuzione del volume, parendogli forse sperequate le lodi riservate al tipografo e all'editore rispetto al proprio contributo che non era stato soltanto esegetico. Si rilegga il brano del proemio in cui d'Annunzio allude ai protagonisti dell'impresa:

> Oggi, più di quattro secoli, al vero del supremo fulgore succede una formula che dice come nell'inclita Firenze con lo stile dei Giunta abbia Lorenzo Franceschini impresso il poema per adempiere il mandato di Leone Olschki. È invertito l'officio [rispetto all'edizione del 1472 poco prima illustrata]. Lo stampatore è toscano, il promotore è tedesco ma per la vita deditissimo al culto di Dante, libraio principe fra i più potenti di studio e di fortuna; che, ingentilito in Venezia come Vindelino, parve poi rinvenir la saviezza e la sagacità di Vespasiano da Bisticci sul soleggiato lungarno degli Acciaioli. [...] E poiché il dotto e animoso commentatore è d'insigne stirpe cortonese, penso che converrebbe riaccendervi dinanzi per memoria e per presagio, col più lieve olio di Lucchesìa, la grande lampada etrusca di Cortona [...].

D'Annunzio rivide con molta attenzione le bozze di stampa del proemio, apponendovi la nota «Eseguite *con la più acuta diligenza* le correzioni, imprimatur» e la data «Arcachon, 25 agosto 1911».[5] L'ultimo foglio reca una serie di postille autografe con indicazioni per il tipografo, tra cui la raccomandazione di sorvegliare in particolar modo la composizione delle pagine con l'iniziale decorata, causa di «inevitabile disgregazione» e di possibili nuovi errori. Vi si poneva anche una questione di accenti acuti e gravi per nulla oziosa: «*Perché mai*, – chiedeva d'Annunzio sottolineandolo tre volte – *ad esempio l'a di città ha l'accento grave e l'u di più l'ha acuto? Per*

---

3 ArV, AG, *Passerini G. Lando*, XXVII, 2, lettera del 23 agosto su carta intestata «Giornale Dantesco Direzione».

4 *Ibid.*

5 S. Comes, *Capitoli dannunziani*, p. 100, nota 78, le indica presenti nella Biblioteca della Fondazione Besso di Roma, ma ad una verifica effettuata il documento è risultato mancante.

regola (tranne l'e e l'o) le vocali accentate debbono avere il grave, *costantemente*». Toccò a Passerini giustificare la scelta tipografica:

> [...] ricevo e consegno al Franceschini le bozze corrette: e tutto sarà fatto con la maggiore possibile cura. Farò correggere e ritirare le prove che vedrò per un'ultima volta, affinché siano scrupolosamente eseguite tutte le correzioni. Ma come si fa per gli accenti, se per tutto il volume si è seguitato il modo del Carducci di segnare l'accento acuto (´) sulle vocali finali *i*, *u*, *e* (eccettuato *è* verbo, e *cioè* che lo vogliono grave), e il grave (`) sulle vocali finali *a* e *o*? Io non credo che tra i due sia maggior male oramai seguir quel modo, per la uniformità della stampa. Se approvi, bene: se vuoi che nel *proemio* si segua altra via, ti prego telegrafarmi. Se hai costà qualche libro del Carducci vedrai ch'egli seguiva questo metodo, costantemente: è bensì certo che tu non hai torto, perché in *piú* e in *città* l'accento là acuto qui grave non può cambiarne il tuono.
>
> Il titolo non si metterà, né la lettera maiuscola. Si incomincerà con la prima riga in maiuscoletto e in rosso, e la prima pagina sarà racchiusa entro la grande cornice, stampata in nero. Sarà più bella. La firma poi, autografata, sarebbe, in questo libro di sapore antico, una stonatura: e non si metterà. Il tuo nome verrà in fine in maiuscoletto, forse in rosso.[6]

Ancora un'ultimissima revisione allo scadere del mese, per verificare che tutti gli accenti fossero al posto giusto secondo l'uso dannunziano (30 agosto: «Credo utile che tu riveda per un'ultima volta le bozze; e te le rimando, con la preghiera che tu le rilegga e spedisca a me [a casa] lo stesso giorno»),[7] e finalmente il primo esemplare in pergamena della *Comedia del divino Dante Alighieri da Firenze con la esposizione di Giuseppe Lando Passerini da Cortona e con un proemio di Gabriele d'Annunzio* poteva essere presentato al Re d'Italia nella tenuta di San Rossore. Era la fine dell'anno 1911.

---

[6] ArV, AG, *Passerini G. Lando*, XXVII, 2, lettera del 28 agosto 1911, su carta intestata «Giornale Dantesco Direzione».

[7] ArV, AG, *Passerini G. Lando*, XXVII, 2, cartolina postale della «Libreria antiquaria editrice Leo S. Olschki», datata 30 agosto 1911.

XII
UNA FAVILLA PER PROEMIO

Il proemio dannunziano è confluito nel *Compagno dagli occhi senza cigli* con il titolo *Dante gli stampatori e il bestiaio*[1] e già questo è indicativo del carattere di una prosa eccentrica rispetto alla funzione introduttiva canonica, orchestrata invece sul registro encomiastico e su quello erudito, con qualche nota di naturalismo cruento. Il tutto svolto nella sostanziale latitanza del tema principale, attraverso un meccanismo di consapevole rimozione che finisce per non far dire nulla, a quelle pagine, di ciò di cui avrebbero dovuto parlare.

Il testo si articola in sei quadri che il più delle volte ospitano descrizioni e divagazioni implicanti solo tangenzialmente Dante e la *Commedia*. Il primo coincide con l'*incipit* e richiama l'occasione dell'edizione monumentale, evocando le tre capitali del primo cinquantennio di vita della nazione e soffermandosi, dopo Roma e Torino, sulla città di Firenze che «nell'anno mirabile della ricordazione» offriva alla patria «il libro» simbolico, la *Divina Commedia*.

Il secondo quadro celebra Leo Samuel Olschki, il «bibliopòla deditissimo» che ha «novamente impresso nel modo giuntino» il poema dantesco. Non manca una descrizione bibliografica del volume, metaforica e volta ad attestare la natura musicale della stampa artistica, la quale segue «la regola medesima che conduce il musico o l'architetto nel compartir gli intervalli».

Il terzo quadro richiama gli albori dell'arte tipografica, quando il cardinal Bessarione e Federico da Montefeltro «irridevano a quel trovato di Barbari» che era la stampa a caratteri mobili. Fu allora che un orafo e zecchiere di Foligno, Emiliano Orfini, già possessore di una «prospera cartiera sul Sasso di Pale», per primo concepì l'impresa di mettere sotto i torchi

---

[1] G. D'Annunzio, *Prose di ricerca*, I, pp. 1623-1634. Sia consentito rinviare a: Laura Melosi, *Dantismo dannunziano tra indugi e paradossi*, in *D'Annunzio tra ironia e malinconia. 44° Convegno internazionale di studi*, «Rassegna dannunziana», 69/71, 2018, pp. 251-258.

la *Divina Commedia* e si industriò con punzoni e matrici «nella sua casa all'ombra di San Feliciano», presago di un evento fatale. D'Annunzio immagina che a Roma, in una bottega di via delle Coppelle, il caso avesse fatto incontrare Emiliano Orfini e un «omaccino di Colonia» di aspetto bizzarro e di salute malferma, lo stampatore tedesco Johannes Numeister, e che questi si fosse lasciato convincere a impiantare «su la riva del Tupino» quell'officina da cui sarebbe uscito il primo esemplare impresso della *Commedia*. Lo scrittore indugia nella ricostruzione fantasiosa di questa circostanza, popolando la scena di letterati umanisti, di grammatici, di correttori, di figure che si aggirano tra torchi di legno stridenti e fogli di carta di Pale freschi d'impressione.

Il quarto quadro chiarisce la funzione del precedente *excursus* erudito, mettendo in evidenza la componente encomiastica del proemio dannunziano: dopo oltre quattro secoli, i ruoli si sono ribaltati e ora è un tipografo italiano, Lorenzo Franceschini, a realizzare a Firenze il mandato di un tedesco dedito a Dante, Leo Samuel Olschki. D'Annunzio paragona la bottega sul Lungarno Acciaioli del moderno editore a quella antica di Vespasiano da Bisticci e descrive ammirato il volume uscito dai torchi della Giuntina, «di gran pondo» e per questo «da porre in sul leggìo come il Saltero e l'altra Scrittura santa». Allude anche al commento di Passerini, ma senza citare l'autore e poco concedendo al suo lavoro, un trattamento di cui il conte ebbe a dispiacersi.[2]

Dopo la muscolare esibizione di cultura umanistica fin qui dispiegata, nel quinto quadro la scena cambia improvvisamente e d'Annunzio evoca la figura fuori contesto di un bestiaio della Maremma, un buttero che tiene tra le mani dei «quaderni sgualciti e sconnessi» in cui qualcuno prima di lui ha copiato la cantica dell'*Inferno*. Gli sono più cari che i codici miniati a Federico da Montefeltro, perché racchiudono l'eredità della sua gente etrusca, allo stesso modo della sella ben arcionata, dei cosciali di pelle di capra, dell'uncino di legno di corniolo. La descrizione oscilla tra il verismo della marcatura a fuoco del bestiame (una scena feroce, da *Novelle delle Pescara*) e gli accenti bucolici del riposo all'ombra di una sughera che riporta alla poesia e a Dante:

> Nelle mani sforzevoli, atte a incornare impastoiare mutilare, il bestiaio teneva i suoi quaderni come foglie e scorze. "Che leggi?" gli chiesi. "Il mio Dante" mi rispose. "Di grazia, leggi ad alta voce" pregai. Non si peritò.

---

[2] «Son lieto delle lodi al buon Franceschini: ma sai che s'egli ha potuto far tanto lo deve all'opera mia? Io ideai il Libro, io ne diressi e seguitai, non poco penando, il faticoso lavoro!» (ArV, AG, *Passerini G. Lando*, XXVII, 2, lettera a d'Annunzio del 22 agosto 1911).

Ed è così che d'Annunzio impara dal bestiaio il modo autentico di conoscere Dante, «sotto la specie del canto eterno, col medesimo orecchio prendendo gioia dal trillo dell'allodola e dalla terza rima», soprattutto libero dalle chiose esplicative e disponibile ad accogliere il poema sacro come «una musica imperscrutabile».

Si può dire che la provocazione "folle" a cui d'Annunzio alludeva nella lettera alla de Goloubeff sopra richiamata stia proprio qui e consista nello smontare l'encomio appena pronunciato, ribaltando l'elogio della raffinatezza in un'allegoria della semplicità naturale come via autentica alla poesia. Il sesto e ultimo quadro, infatti, dimostra esattamente questo: «auguro – scrive d'Annunzio – che fra cinquant'anni, pel Centenario della Nazione costituita, alfine il Libro sia offerto agli Italiani nella sua sublime nudità come s'addice a creatura tutta quanta viva ed immortale».

Una sublime nudità che esclude anche la conoscenza della vita di Dante, di cui d'Annunzio si sarebbe dovuto occupare in luogo del proemio. E invece, come la *Commedia* è *musica imperscrutabile*, Dante è *mito onnipresente* e a questo punto la provocazione diventa paradosso:

> Chi dunque s'attese che io componessi la sua biografia? Dell'averne avuto il pensiero e assunto l'obbligo io mi vergognerei, se l'uno e l'altro non avessi portato in me fino a oggi come affanno e cruccio e quasi rimorso invitto.

D'Annunzio fa appello all'immortalità e all'universalità di Dante per dichiararsi libero dall'obbligo di parlarne in termini umani, di raccontarne la vita. La *Divina Commedia* è «il Libro del canone italico» e tanto basta. Non conta conoscere la genealogia degli Alighieri, sapere quali donne il poeta abbia amato, se fu buon feditore, cosa abbia decretato in qualità di magistrato, chi abbia incontrato in Lunigiana, in Romagna o altrove, quale fosse la sua fisionomia: l'unica notizia da mandare a memoria è la data dell'editto che lo bandì da Firenze, «addì ventisette di gennaio dell'anno mille trecento due», dopodiché Dante vide e narrò qualcosa di sovrumano e da questo miracolo è stato sollevato «sopra l'ombra della morte».

Anche d'Annunzio dovette sentirsi molto sollevato una volta concluso il proemio e quanto al ritardo di quasi due anni con cui lo consegnò all'editore se ne autoassolse nella lettera del 16 agosto 1911, definendolo eufemisticamente un «indugio».

XIII
VOCI FUORI DAL CORO

Al suo apparire, il volume fu salutato come una delle più ambiziose imprese tipografiche dell'epoca e venne accolto con molti onori, ma ci fu anche chi non ne comprese o non ne volle riconoscere i pregi. Dei tanti articoli apparsi in quei mesi su giornali e riviste, in Italia e all'estero, uno in particolare, di Pierangelo Baratono, pubblicato sul «Lavoro» di Genova, aveva irritato Olschki al punto da far uscire sulla sua rivista, «La Bibliofilía» del luglio-agosto 1912, uno scritto illustrativo ed elogiativo dell'edizione monumentale a firma di un anonimo Bibliofilo dietro cui è probabile che si celasse lui stesso.[1] In premessa, si dava la possibilità che l'alto costo e la limitata tiratura di questa *Commedia* (non esattamente un libro per tutti) avessero indotto qualche recensore a parlarne senza averla avuta tra le mani, o avendola vista di sfuggita. Solo così potevano trovare spiegazione le «tante inesattezze» e gli «strani giudizii» accumulati nell'«articolessa» del Baratono:

Quivi è detto, fra molte altre allegre cose, che nel volume il rosso e il nero dei caratteri tipografici distinguono il testo di Dante dal commento del Passerini, quasiché il testo fosse tutto impresso in rosso e il commento tutto in nero! E, quanto al testo, si osserva, senz'altro, che quale è dato in questa edizione è soltanto «una traduzione» e a volte «un tradimento» di quello che dovette essere l'originale della *Divina Commedia*! Così dunque si fa la critica pel buon pubblico che beve grosso, e così si può affermare in giornali che vanno per la maggiore, e che dovrebber

[1] Il Bibliofilo, *L'edizione monumentale della «Divina Commedia»*, «La Bibliofilía», XIV, 4-5, 1912-1913, pp. 123-130. L'attribuzione dell'articolo allo stesso Olschki è intuitiva: suona, infatti, come una *excusatio non petita* la Nota del Direttore in calce allo scritto: «La cortese insistenza dell'egregio nostro collaboratore ci ha finalmente, dopo lunghe incertezze deciso a permetter la pubblicazione di quest'articolo che avremmo desiderato piuttosto veder inserito in un'altra Rivista per non suscitare, nemmen lontanamente, il dubbio che fosse stato ispirato da noi. Le approvazioni e gli elogi del resto che ci sono pervenuti da tutte le parti del mondo per la nostra edizione della *Divina Commedia*, non sono meno calorosi di quelli che ci tributa l'egregio articolista: e giacché abbiamo pubblicato su speciali manifesti quelli, non vediamo la ragione per cui dovremmo sopprimere questi, tanto più che li ha vergati la penna di uno dei più insigni e cólti bibliofili nostri».

pure essere un po' guardinghi e non accoglier tutto quel che ammanniscono i proprii – sian pure insigni – collaboratori, che Gabriele D'Annunzio scrisse il proemio a questa edizione perché *vi fu costretto*, e altre consimili corbellerie.[2]

Critiche e osservazioni erano arrivate anche da altre parti e Passerini se n'era rammaricato con d'Annunzio in un paio di lettere del settembre 1911, quando già il testo del proemio circolava nell'anticipazione del «Corriere della Sera» dov'era annunciato il volume. «Hai veduto lo sciocco articolo del Parodi sul *Marzocco* a proposito del *Dante* e l'articolo maligno del Borgese sulla *Stampa* e sul *Mattino*?», gli scriveva il 16 settembre.[3] E ancora il 27 dello stesso mese, accompagnando una recensione positiva di Alessandro D'Ancona spedita al poeta: «Ti mando un opuscolo del D'Ancona, il quale mi prega, con parole *entusiastiche* per il tuo preambolo al *Dante* Olschki, di fartelo recapitare. [...] Hai visto Borgese e Parodi? quanta miseria!».[4]

Borgese, in particolare, era stato sferzante fino alla stroncatura nell'articolo *Dante, Pascoli e D'Annunzio* apparso nelle *Cronache Letterarie* de «La Stampa» il 4 settembre 1911. L'intervento prendeva di mira due eventi danteschi recenti che avevano attirato l'attenzione dei giornali: l'inaugurazione a New York della statua di Dante, opera di Ettore Ximenes salutata con le note di Leoncavallo e i versi di Pascoli, e l'uscita della *Commedia* monumentale prefata da d'Annunzio per i torchi della Giuntina. Il critico non aveva risparmiato il suo sarcasmo verso l'una e l'altra iniziativa, e riguardo al volume di Olschki, da "dannunziano", aveva scritto:

> Gabriele D'Annunzio s'è sobbarcato alla composizione di un proemio per l'edizione monumentale della *Divina Commedia*, fatta in Firenze dall'editore e antiquario Leo S. Olschki, con un nuovo commento di G.L. Passerini. Questa prosa sontuosa destinata ad ornare una stampa da collezionisti è già stata letta da una folla, rimpetto alla quale i lettori dell'*Otre*, di *Versilia*, di *Apollo e Dafne* sono un cenacolo d'iniziati; e non è senza amara significazione che l'Italia, troppo affaccendata in altre cose per intendere la sublime lirica di D'Annunzio, lo accolga con unanime e plaudente curiosità quand'egli s'esercita nella critica e nella storia. Nè [*sic*] manca d'involontaria ma palese ironia il fatto che un paese, ove nessuno ha creduto di dover sottrarre alla clamorosa avidità dei creditori la casa ove furono scritte le *Laudi* e dove nessuno sembra accorgersi che la stessa rovina minaccia la biblioteca ove si ispirò un grande poeta, affidi a questo poeta il còmpito d'arric-

---

[2] *Ivi*, p. 124.

[3] ArV, AG, *Passerini G. Lando*, XXVII, 2, lettera su carta intestata «Giornale Dantesco Direzione».

[4] ArV, AG, *Passerini G. Lando*, XXVII, 2, lettera su carta intestata «Giornale Dantesco Direzione».

chire con le sue belle parole un libro che per i pezzenti costerà cinquecento lire e costerà tremila lire per un paio di letteratissimi Nababbi, che, volendo davvero essere danteschi d'anima e di costume, si sono fatti un Dante d'oro e d'argento, oltre che di pergamena; un Dante di gran pondo e «serrato nelle sue assicelle, nel suo corame e nei suoi ferri, da porre in sul leggìo come un Salterio» e via discorrendo.[5]

Va rilevato che, in un certo senso, l'articolo esimeva d'Annunzio dalle critiche più aspre mosse alla lussuosa edizione, perché secondo l'autore il poeta si era dovuto piegare a un'operazione impropria per lui e in generale inopportuna. Merita lasciare spazio alla sferzante penna borgesiana:

D'Annunzio se n'è sbrigato con maggiore energia. Ha scritto una prosa tortuosa e sonora, ove si discorre di Roma, di Torino, di Firenze, dei monumenti e delle esposizioni, poi si discorre, con lusso di vocaboli tecnici, dell'arte della stampa quattrocentesca e moderna, di incunaboli portentosi e dell'irrisione con cui li videro i procaccianti del Bessarione nelle tremule mani di Costantino Lascari; in seguito si rievoca Emiliano Orfini che «primo fermò il pensiero di mettere in torchio il poema di Dante» quando «il suo cavallo grosso ambiava sulla Via Flaminia verso l'Urbe», e si rievoca anche Giovanni Armeister [*sic*] primo stampatore della Commedia, che «di tratto in tratto si poneva una mano sullo stomaco per rattenere e risollevare qualcosa che lo gravasse: un sacchetto di cuoio pien d'olio caldo, ch'ei portava per i suoi malanni all'usanza aristotelica?» D'innumerevoli altre cose vi si discorre, e soprattutto della Maremma e di un bestiaio maremmano che leggeva Dante manoscritto: ma, quando si arriva a Dante e all'argomento del proemio, Gabriele D'Annunzio fa una bella riverenza al lettore, e si congeda. «Come la *Comedia* è una imperscrutabile musica (questa, sono io che chioso, è per i commentatori) così Dante è un onnipresente mito. Chi dunque s'attese che io qua componessi la sua biografia? Dell'averne avuto il pensiero e assunto l'obbligo io mi vergognerei, se l'uno e l'altro non avessi portato in me fino ad oggi come affanno e cruccio e quasi rimorso invitto». Soddisfatti, ripetiamo anche noi l'interrogazione di D'Annunzio: chi dunque s'attese ch'egli qui componesse la biografia di Dante?

Purificato di tutti gli orpelli e mondato di tutti i ghirigori il proemio di D'Annunzio si riduce a una mossa di sdegno da parte di un poeta che volevano costringere a farsi presentatore di Dante al pubblico in una rappresentazione di gala. E qualcuno deve averlo letto con dispetto e rossore. Io non tolgo a nessuno i suoi meriti; e credo probabile che il comento del Passerini, uomo dottissimo, sia perfetto; credo quasi certo che la stampa dell'Olschki sia una meraviglia. Ma è proprio D'Annunzio che non vuole comenti e rarità da bibliofili. «Per ciò auguro che fra cinquant'anni, pel centenario della Nazione costituita, alfine il Libro sia offerto agli Italiani nella sua sublime nudità come s'addice a creatura tutta quanta viva ed

[5] Giuseppe Antonio Borgese, *Dante, Pascoli e D'Annunzio*, «La Stampa», 4 settembre 1911, p. 3.

immortale, se non giovi sperare che ciascuno di suo pugno lo trascriva, come per averlo in possessione di corpo e di spirito». Forse questa speranza è troppa, o poeta, poiché è lecito supporre che fra cinquant'anni vi saranno parecchi analfabeti ancora fra i contadini di Verbicaro e ancora tra i bestiai di Maremma. Ma, quanto alle edizioni semplici e linde, ove Dante è offerto a chiunque abbia intelletto ed amore sebben poca moneta per comperarlo, le edizioni ove non trionfano il proemiante, il comentatore e il «bibliopola deditissimo», le abbiamo da un pezzo anche prima del cinquantenario, senza nessunissimo bisogno d'appuntar l'occhio speranzoso sull'anno 1961.

Solo che le più belle si fanno ad Oxford; come ad Oxford e a Lipsia si fanno le più belle stampe di Virgilio e d'Orazio che son nostri. In compenso, si fanno in Italia le stampe dantesche a tremila lire la copia, quelle ove «traspare in filigrana, per la pagina che sotto il dito volgente crepita e garrisce, l'effige laureata del Cantore entro la corona chiusa come il cerchio dell'Eternità», quella ove le rubriche sono «di quel bel rosso vivo che pare attinto alle porpore del prisco Giglio» e via discorrendo.[6]

Inaspettatamente, una nota stonata rispetto all'eleganza e all'accuratezza dell'edizione si avverte anche nel carteggio di Passerini con d'Annunzio, per la precisione nel *post scriptum* alla già citata lettera del 28 agosto 1911 (Fig. 29) in cui, rispondendo alle osservazioni del poeta, il conte osserva: «A proposito: la rilegatura del *Dante* è troppo massiccia, lo so: né in tutto perfette le ferrature. È la sola parte del libro sfuggita alle mie cure. Io non l'avevo imaginata e desiderata così!». Si rafforza, qui, quell'impressione di non perfetta aderenza di Passerini alla visione editoriale di Olschki che si è già avuto modo di cogliere altrove e che spiega l'accenno alla coraggiosa e generosa intraprendenza dell'editore sottolineata dall'anonimo nel già citato articolo della «Bibliofilía», quasi un'aperta rivendicazione di merito, là dove si osserva «come sia stata grande fortuna del conte Giuseppe Lando Passerini l'antica sua familiarità con uno studioso editore quale è Leo S. Olschki, che conosciuto il pensiero di lui di dare all'Italia una stampa della *Divina Commedia* degna delle edizioni antiche, lietamente lo accolse e generosamente ponendo a disposizione del Dantista l'opera senza alcuna restrizione e senza alcun timore di spese e di lavoro, diede sostanza e vita a un'impresa che avrebbe spaventato altri editori di minor coraggio e di minor fede anche se di pari potenza».[7]

---

[6] *Ivi.*

[7] IL BIBLIOFILO, *L'edizione monumentale*, p. 129.

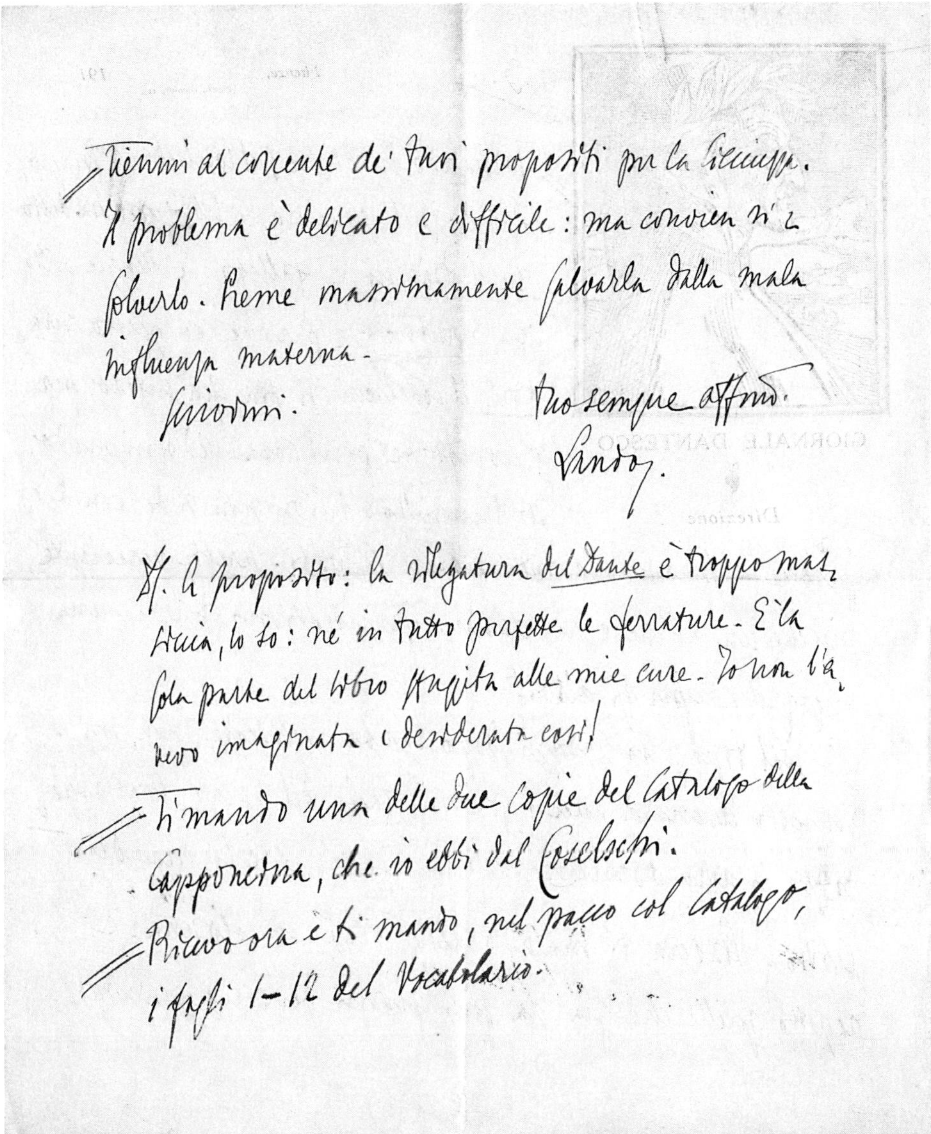

Tiènmi al corrente de' tuoi propositi per la Cicciuzza. Il problema è delicato e difficile: ma convien sia risolverlo. Preme massimamente salvarla dalla mala influenza materna.

Scrivimi.

Tuo sempre affmo.
Lando.

P.S. A proposito: la rilegatura del *Dante* è troppo massiccia, lo so: né in tutto perfette le ferrature. È la sola parte del libro sfuggita alle mie cure. Io non l'avevo imaginata e desiderata così!

Ti mando una delle due copie del Catalogo della Capponiana, che io ebbi dal Coselschi.

Ricevo ora e ti mando, nel pacco col Catalogo, i fogli 1-12 del Vocabolario.

Fig. 29. Lettera di Giuseppe Lando Passerini a Gabriele d'Annunzio, 28 agosto 1911, *post scriptum* (Archivio del Vittoriale).

XIV
EPILOGO E CARTE BOLLATE

Di lì a qualche anno, Passerini avrebbe lasciato la direzione del «Giornale Dantesco» e Olschki l'Italia alla volta di Ginevra, per un protratto soggiorno oltre confine. Ma il ricordo della impressionante edizione della *Commedia* sarebbe rimasto vivo e presente nel cuore dell'esule, nella consapevolezza di aver celebrato Dante e la patria al più alto grado delle sue possibilità, nonostante le difficoltà e i dissapori che avevano costellato la realizzazione dell'impresa. Un episodio, in particolare, rendeva ai suoi occhi ancor più memorabile questo libro e la sua storia, ed è quello della lettura del proemio dannunziano che aveva avuto luogo verso la fine di agosto del 1911 nell'intimità della villa di Vallombrosa, entro una selezionatissima cerchia di amici e ospiti illustri tra i quali spiccavano il Ministro della Giustizia Vittorio Emanuele Orlando, il Ministro degli Esteri Antonino di San Giuliano, il politico Andrea Finocchiaro Aprile. Era stato proprio Orlando, fervido ammiratore del poeta, a leggere con voce ben impostata le pagine del proemio e Passerini lo raccontava a d'Annunzio con mal celata ironia e una punta di invidia nei confronti del padrone di casa: «Giovedì, a Vallombrosa, presente il Di San Giuliano e il Finocchiaro Aprile e poche signore, nello studiolo dell'Olschki, l'on. Orlando lesse, con buon tuono di voce e con buona arte (io non sapevo ch'egli fosse un così garbato lettore) la tua prosa mirabilissima: e fu un trionfo. L'Olschki era inebrietato [*sic*]: egli pareva l'autore di quella scrittura!».[1] Olschki, a sua volta, avrebbe rievocato quella lettura in alcune pagine autobiografiche del '26, destinate a una miscellanea tedesca sui maggiori antiquari europei,[2] ma già l'aveva richiamata alla memoria di d'Annunzio nel 1921, in tempi ormai cambiati, all'indomani della Grande Guerra e nella condizione di dover ripartire con la propria attività dopo cinque anni di lontananza dall'Italia:

---

1 ArV, AG, *Passerini G. Lando*, XXVII, 2, lettera su carta intestata «Giornale Dantesco Direzione».

2 *Adressbuch der Antiquäre Deutschlands und des gesantem Auslandes. Mit selfbiographischen Beiträgen bedeutender Antiquäre*, Weimar, Straubing & Müller, 1926.

Illustre e caro maestro,

da Vallombrosa, dove io ebbi l'onore di averLa ospite gradito nella mia casa alpestre e dove mi giunse la mirabile Sua prefazione alla mia edizione monumentale della Divina Commedia, letta, poco dopo l'arrivo, dal manoscritto Suo dall'on. Orlando in un ricevimento davanti ad un'accolta di personaggi insigni, suscitando ammirazione ed entusiasmo, Le invio, dopo tanti anni di silenzio, le prime mie righe, fiducioso ch'Ella mi serba tuttora buona memoria, e coll'assicurazione che i miei sentimenti a Lei ben noti non hanno subito la benchè [*sic*] minima modificazione.

Dopo 5 anni di volontario esilio a Ginevra, dove ho continuato a propagare l'amore del libro, fondandovi un «Cabinet du Bibliophile genevois» che tuttora esiste, ho ripreso a Firenze la mia attività editoriale con lena ancor maggiore di prima. Ho portato a termine la grande opera dei Disegni degli Uffizi, composta di ben 20 portafogli con 500 tavole che sono universalmente riconosciute come le più perfette sinora pubblicate, ho edito in un volume di lusso la versione metrica delle Odi di Pindaro del Romagnoli, ho bandito un concorso per un'opera dal titolo "Dante spiegato al popolo" con un premio di 5000 Lire. Ora sto preparando il facsimile del Codice Landiano che è il più antico della Divina Commedia, portando la data certa del 1336; desso uscirà al principio del p.v. Settembre in 175 esemplari numerati, di 212 pagine in folio grande in eliotipia su carta a mano e rilegato in tutta pelle e sarà più che probabilmente il volume più importante fra tutti pubblicati per il centenario dantesco. Finalmente, ho ripreso la pubblicazione del mio GIORNALE DANTESCO da me fondato nel 1889 ed interrotto nel 1916, affidandone la direzione al prof. Luigi Pietrobono di Roma, non avendomi più soddisfatto quella del Passerini.

Ed eccomi con una preghiera:
sarei felicissimo di poter pubblicare in testa del prossimo fascicolo (N.S. xxiv, 3 / Sett. '21/) con caratteri cubitali una, sia pur breve, poesia d'occasione, cioè allusiva alla solennità della ricorrenza del centenario, del maggior poeta d'Italia.

So che la mia pretesa è ardita, ma il coraggio mi viene dal ricordo ch'Ella più volte aveva riconosciuto, in modo per me assai lusinghiero, il merito mio di aver dato come editore un potente impulso nuovo allo studio ed al culto di Dante colla fondazione di una Rivista a lui esclusivamente consacrata e con numerose importanti pubblicazioni di soggetto dantesco.

Posso io osare a sperare?

Perdoni il mio ardire!

Fiducioso di ricevere ben presto un cortese Suo riscontro, La prego di credermi, illustre Maestro, con antica immutata devozione.[3]

Suo aff.°
Leo S. Olschki

---

[3] ArV, AG, *Olschki Leo S.*, XXXIX, 2, lettera dattiloscritta su carta intestata «Villa Olschki Saltino (Vallombrosa)», datata 30 luglio 1921.

La ripartenza di Olschki sarebbe stata ancora nel nome dell'Alighieri, ma questa volta senza Passerini ad affiancarlo nelle iniziative dantesche. I rapporti con il conte, non sempre lineari, si erano infatti definitivamente guastati per una controversia economica legata proprio all'edizione monumentale della *Divina Commedia*, una vertenza finita in quei mesi in Tribunale. Passerini aveva citato in giudizio Olschki, asserendo l'esistenza di una convenzione risalente al novembre 1909 in base alla quale egli avrebbe ceduto all'editore il disegno del volume e il commento all'opera, a fronte di un compenso di 4.000 lire per la proprietà letteraria e di una percentuale del 10% sul prezzo di vendita delle copie stampate, quantificato in 1.800 lire per le sei copie di lusso e 15.000 lire per le altre. Come si ricorderà, nel *Prospetto* steso da Passerini in quello stesso anno compariva una prima richiesta di compenso a percentuale, dell'ordine del 50% sugli utili netti, irricevibile per l'editore e rinegoziata. Il problema è che al momento di adire le vie legali Passerini non poteva esibire alcun contratto firmato da Olschki, avendolo a suo dire smarrito, ma solo una lettera del 1916 diretta al ragionier Bompani, contabile della Libreria antiquaria, in cui sarebbero stati trascritti *ad literam* i presunti patti convenuti all'inizio dell'avventura editoriale. Secondo la testimonianza resa da Nello Mori,[4] quella richiesta tardiva, giunta in pieno conflitto mondiale, aveva dato luogo a un nutrito carteggio tra le parti[5] e a un certo punto della trattativa era sembrato che Olschki avesse acconsentito a riconoscere a Passerini il 10% sugli utili netti, il che non significava averlo associato ai ricavi delle vendite. Su tale *misunderstanding* fece leva la sentenza del Tribunale Civile e Penale di Firenze notificata a Olschki l'8 dicembre 1922, la quale stabiliva che

> se una liquidazione deve compiersi di diritti di provvigione di costui [Passerini] sulla edizione dantesca questa debba avere di norma i termini di detta convenzione, calcolando le percentuali sugli utili netti, nelle proporzioni ivi stabilite;

e precisava:

> Appena occorre avvertire che le dette percentuali devono essere calcolate sulle copie effettivamente vendute e che dall'ammontare complessivo debba essere dedotto l'acconto di L. 5000 essendo pacifico il prezzo di lire 4000 per la cessione del commento e del progetto della edizione ed il versamento già avvenuto nelle mani del Passerini di complessive L. 5000.[6]

---

4 Copia del verbale dell'udienza del 13 gennaio 1922 in ArO, *Carte Olschki-Passerini*, D778.

5 Non ne resta traccia in ArO e si presume che sia finito nei faldoni degli atti processuali.

6 ArO, *Carte Olschki-Passerini*, D779.

Di qui l'esigenza di un riepilogo contabile in grado di chiarire i costi, l'andamento delle vendite e i ricavi dell'edizione per poter procedere alla liquidazione di un eventuale compenso. Quel documento esiste (Fig. 30), è il *pro memoria* citato all'inizio di questa ricostruzione e da esso si desume che alla data del 14 dicembre 1922 l'operazione aveva fatto incassare meno di quanto era costata: 114 esemplari venduti, più i 5 in pergamena, per un totale di 79.000 lire, a fronte di un calcolo dei costi di produzione di 50.000 lire per carta, cliché, legature; spese di amministrazione e promozione per 20.000 lire; onorari a Passerini per 5.000 lire e a d'Annunzio per 7.000 lire.

Dati e cifre alla mano, se ne conclude che per Leo Samuel Olschki, alla prova della sua prima e distintiva uscita da editore, la *Divina Commedia* monumentale non fu un affare. È certo, però, che quel libro ha segnato la storia della Casa Editrice e in qualche misura anche quella della tradizione dantesca nell'Italia postunitaria.

PRO MEMORIA

DAN SU EDIZ. MONUM. DIVINA COMMEDIA

14 Dic. 1922

NB. Della Ediz. Mon. furono tirati 300.- esemplari su carta a mano di Fabri appositamente fabbricata e Sei esemplari in pergamena.

Ne furono legati 200.- esemplari ;gli altri 100.- sono tuttora pr il legatore in fogli sciolti, meno quei pochi esemplari legati alla Bodon ed in gran parte tuttora esistenti.

Ne furono vendute 114 copie, e una diecina di quelle alla Bo Il prezzo di sottoscr. era di Lire 500.-Sconto ai librai normale del superiore in alcuni casi per propaganda e incoraggiamento. Così la med. prezzo di vendita verrebbe ad essere di Lire 400.-essendo la maggior stata sottoscritta da Librerie. Come di consueto il maggior numero fu per sottoscrizione; circa 100.-

L'edizione costò fra

Carta fabbricata appositamente, clichés, legature in piena pelle con Borchie, Esempl. in pergamena con borchie d'argento, miniature etc. Lire	50.000.-
Onorari al Conte G.L. Passerini"	5.000.-
" a G. D'Annunzio	7.000.-
Spese di circolari, inserzioni, esemplari per recensione, annunzi lavori di amministrazione di 11 anni	20.000.-
	82.000.-

Furono vendute copie 114.- più alcune alla Bodoniana per la somma complessiva d

Lire Ital.	64.000.-
5 copie su perg.	15.000.-
	79.000

15 esemplari furono donati a personalità, come omaggio, a recensenti, Istitu Pubblici, alla Nave Dante Alighieri (Libro di Bordo) etc. come da elenco.

Fig. 30. *Pro memoria* contabile del 14 dicembre 1922 (Archivio Casa Editrice Leo S. Olschki).

APPENDICE

DESCRIZIONE E TRASCRIZIONE DEL MS. RAVENNATE DEL PROEMIO

Il manoscritto dannunziano riprodotto alle Tavv. XV-XLVIII è conservato presso il Centro Dantesco dei Frati minori conventuali di Ravenna (in cassaforte, senza segnatura), nel plico originale spedito dalla Francia per posta raccomandata, all'indirizzo «Comm. Leo S. Olschki / Vallombrosa / Saltino (Florence) / Italie!».

L'autografo consta di 34 carte sciolte di mm. 280×225, con numerazione di mano dell'autore in alto a destra. Fogli di pesante carta a mano con barbe, scritti al recto con inchiostro bruno; in inchiostro rossigno, a c. 1, il titolo *De Comoedia Dantis*; a c. 34, la croce raggiata premessa alla firma finale; sottolineature alle cc. 15-17, 20-21; segni di aggiunte interlineari alle cc. 18, 26, 33. In chiusura di c. 34: «Il giorno dopo quello dell'Assunzione "*sol calando*" – 1911, agosto. Gabriele d'Annunzio».

Si tratta della minuta del testo del proemio, costellata di cancellazioni e ripensamenti, con accurate cassature e varianti evolutive, anche in interlinea. Correzioni e aggiunte apportate in fase di rilettura sono segnalate dall'inchiostro rossigno.

Il raffronto con il testo stampato nell'edizione monumentale alle pp. vi-xi rileva poche varianti, di ordine esclusivamente formale, elencate di seguito:

nella sua casa > nelle sue case [due casi]
Niccolò > Nicolò
cassatura della ripetizione *libro*
Senz'aver > Senza aver
s'egli > se egli [ma a seguire resta il *s'egli* dell'autografo, probabile svista]
Maestro > mastro [in una citazione]
benedire > celebrare

Ulteriori correzioni sono raggruppabili in due tipologie omogenee:

1. *Oscillazioni maiuscole/minuscole*

Colle Capitolino > colle capitolino
Comune > comune
Papa > papa
maestro > Maestro [due casi]
pasqua > Pasqua
Duca > duca [Virgilio]
grammatico > Grammatico
Angeli > angeli
poema > Poema
saltero > Saltero
Che > che
duca > Duca [d'Urbino]
cantica > Cantica
iddii > Iddii
chiesa > Chiesa
priore > Priore
codice > Codice
lettera minuscola dopo il punto interrogativo nelle serie di domande

2. *Vocali accentate*

In bozze viene sistematicamente corretto l'accento grave sulle vocali accentate, tranne *e* ed *o*, seguendo il «modo del Carducci» di segnare «l'accento acuto (´) sulle vocali finali *i*, *u*, *e* (eccettuato *è* verbo, e *cioè* che lo vogliono grave), e il grave (`) sulle vocali finali *a* e *o*» [vd. *supra*, lettera di Passerini a d'Annunzio del 28 agosto 1911, p. 76].

De Comoedia Dantis.

Nell'anno mirabile della ricordazione e della promissione, è bello che anche la Patria abbia il suo trisagio come l'Iddio Signore tre volte santo. Dall'altura settentrionale del Colle Capitolino Roma, celebrando nell'inno di pietra la terza vita d'Italia, sembra batter col piede su l'antichissimo sepolcro del suo Edile repubblicano il novo ritmo degli intercolunnii. Torino, la città formatrice nel cui vigore civico idealmente si perpetua il tetragono che disegnava la sua primiera cerchia augustea, alza dal suo stadio in un vasto coro virgineo il carme delle primavere che furono e di quelle che non nacquero. Firenze, quasi nel suo cielo atteggiata da quella stessa terribil mano che nella Sistina voltò la Sibilla di Libia a reggere con le due braccia l'aperto volume come la cetra del mondo, dice: «Ecco il Libro».

Ecco il Libro novamente impresso nel modo giuntino, che è un modo musicale, da uno stampatore usato di praticar con l'ingegno nella bottega accanto alla Badia, *apud Juntas*. L'ornano le imagini dell'arte ingenua, lo dichiarano le glose della recente sapienza, lo distinguono le rubriche di quel bel rosso vivo che pare attinto alle porpore del prisco Giglio. A volta a volta vi traspare in filigrana, per la pagina che sotto il dito volgente crepita o garrisce, l'effigie laureata del Cantore entro la corona chiusa come il cerchio dell'Eternità, e il nome del bibliopòla deditissimo scritto in sigla entro il cuore diviso e crociato ch'è segno d'amore e di travaglio. Lo spazio dei margini, le distanze tra linea e linea, la disposizione dei fregi, la collocazione dei segni, tutte le varie accortezze e grazie della stampa seguono la regola medesima che conduce il musico o l'architetto nel compartir gli intervalli. E da una singolare vicenda, che per ricorrere varca più di quattro secoli, sembra accresciuta la nobiltà del lavoro.

Quando i procaccianti del Bessarione vedendo nelle tremule mani di Costantino Lascari l'incunabolo portentoso irridevano a quel trovato di Barbari, quando Federico da Montefeltro in mezzo al suo stuolo di copiatori mostrava d'avere a sdegno e stomaco la novità di Alemagna arricciando quel naso gibbuto che s'infutura nel dittico di Piero de' Franceschi, un orafo e zecchiere di Foligno, pratico in intagli di acciari e in istampe di conii, chiamato Emiliano Orfini, primo fermò il pensiero di mettere in torchio il poema di Dante. Questo vivace erede d'una famiglia privilegiata di zeccar moneta e pel Comune e pel Papa e pel tiranno, possedendo una prospera cartiera sul Sasso di Pale, era tratto dall'arte sua stessa e dai suoi stessi negozii a ben considerare quella invenzione dei punzoni e delle matrici e dei caratteri mobili. Spesso il suo cavallo grosso ambiava su la Via Flaminia verso l'Urbe e di là tornava alla turrita Porta Romana ove forse lo attendeva per novelle qualche

Folignate di molte lettere come Silvestro Baldoli o Nicolò Tignosi o Federico Buonavoglia. Era egli in contratto con quei due Alemanni del monastero di Santa Scolastica per fornir carta di Pale ai bisogni della stamperia? Aveva egli avuto tra mano un di quei lor volumi? il Donato? il Lattanzio? Le nuove opere si compivano in vista dell'orto ove San Francesco aveva cangiato in rose le spine di San Benedetto. La Santità umbra proteggeva la paziente e diligente fatica. Or non fioriva in Foligno un ottimo grammatico, il Cantalicio, custode della latina favella, arguto amico di Terenzio, capacissimo di emendare e chiosar testi? L'Orfini ardeva di stabilire un par di torchi nella sua casa, all'ombra di San Feliciano. Per ovunque il gemito della vite a quattro capi pareva annunciare una nuova stagione come il grido della rondine. Forestieri opravano dove si potesse, da Giovan di Spira favorito di privilegio in Venezia al prete di Strasburgo impiantato in Napoli aragonese. Ma Bernardo Cennini in Firenze, ma Baldassare Azzoguidi in Bologna già con prontezza italica si davano a studiar quell'arte, vi s'addestravano e affinavano, togliendo la maestria ai maestri, forieri della prossima eccellenza. Or una sera, a Roma, in una bottega su la Via delle Coppelle, il Folignate s'incontrò con un omaccino di Colonia che portava un pellicciotto rossigno come la sua barbuccia di becco e una berretta lunga che gli ricadeva su gli occhi delicati per proteggerli dalla luce soverchia. Costui tastava la carta di Pale con tre dita annerite che lasciavan la traccia nel bianco. Di tratto in tratto si poneva una mano su lo stomaco per rattenere e risollevare qualcosa che lo gravasse: un sacchetto di cuoio pien d'olio caldo, ch'ei portava per suoi malanni all'usanza aristotelesca. Era lo stampatore Giovanni Numeister.

Divenuto socio dello zecchiere umbro, il maestro renano su la riva del Tupino fondò la stamperia memorabile ond'era per escire il primo esemplare impresso della *Divina Comedia*.

> *Nel mille quattro cento septe et due*
> *Nel quarto mese adì cinque et sei*
> *Questa opera gentile impressa fue.*
> *Io Maestro Johanni Numeister opera dei*
> *Alla decta impressione...*

Momento di misterioso valore quello in cui, brillando l'aprile su gli olivi della terra serafica e ai davanzali e alle soglie della casa di Emiliano Orfini, adattò il buon torcoliere la forma dei caratteri sul torchio e girò la vite di legno come a uno strettoio da uve per premere l'ultimo foglio. Era il tempo di pasqua, che soleva muovere «una volontà di dire» nel giovine Alighieri prima dell'esilio; era la «dolce stagione», che confortò la paura del pellegrino impedito dalla lonza leggiera, al cominciar dell'erta, prima che il savio Duca gli apparisse. Mi piace d'imaginare che quivi fossero convenuti quanti la grazia dell'Umanesimo aveva tocchi e spetrati a dentro. Eravi forse il grammatico, e taluno de' suoi scolari ben chiomati come i compagni dalle verghe nello *Sposalizio* d'Ottaviano Nelli. Forse v'erano Sigismondo de Comitibus e Marco da Rasiglia, che anch'eglino avean già veduto per sé medesimi «l'arte del dire parole per rima»; e Michelagnolo Grilli, il litteratissimo cancellier del Comune; e il vescovo Antonio Bettini, il Senese che, in Fonte Branda avendo bevuto come Enea Silvio l'amor d'ogni dottrina, doveva poi mandare alle stampe il suo *Monte Santo di Dio* presso quel Niccolò di Lorenzo della Magna intento già a preparar le forme pel comento di Cristoforo Landino e per le imagini di Sandro Botticelli. V'era forse anche l'Alunno, che conosceva la malinconia del mondo e la bellezza del pianto come l'amatore il quale un giorno aveva disegnato figure d'angeli su certe sue tavolette; e veniva egli forse dall'aver dipinto in Duomo i due sublimi Angeli piangenti.

Penso che tutti tacessero, e che non s'udisse quivi se non stridere il legno tra mastio e chiocciola, fuori garrire qualche balestruccio, e l'infinito anelito della primavera a quando a quando. Mi sembra che nella loro inconsapevolezza dovessero almen sentire l'ansia d'una vita nuova, la rinascita d'una grande cosa occulta, e quella immobilità che è nell'asse quando la ruota gira, potendo quel punto della città murata apparir quasi centro ideale dell'Italia bella in quella guisa che l'ònfalo di Delfo era fatto centro del greco mondo. Come Dante congiunge talora per similitudine una visione misteriosa del suo spirito all'imagine franca d'un atto corporeo, così quell'incognito indistinto si raccoglieva nel tremito delle mani occupate a trarre pianamente di sotto il torchio il fresco foglio che solo mancava alla perfezione dell'opera, mentre il socio zecchiere e gli astanti si facevano alle spalle curve del mastro per leggere su l'ottima carta di Pale i caratteri intagliati coi punzoni alemanni

L'Amor che muove il Sole e l'altre stelle.

Oggi, dopo più di quattro secoli, al verso del supremo fulgore succede una formola che dice come nell'inclita Firenze con lo stile dei Giunta abbia Lorenzo Franceschini impresso il poema per adempiere il mandato di Leone Olschki. È invertito l'officio. Lo stampatore è toscano, il promotore è tedesco ma per la vita deditissimo al culto di Dante, libraio principe fra i più potenti di studio e di fortuna, che, ingentilito in Venezia come Vindelino, parve poi rinvenir la saviezza e la sagacità di Vespasiano da Bisticci sul soleggiato lungarno degli Acciaiuoli.

Di gran pondo è il volume, serrato nelle sue assicelle nel suo corame e ne' suoi ferri, da porre in sul leggìo come il saltero e l'altra Scrittura santa, o da custodire in un cofano simile a quello che predarono i vincitori sotto la tenda di Dario, nel quale il Macedone serbar volle il poema di quel Greco

Che le muse lattâr più ch'altro mai.

E, poiché il dotto e animoso comentatore è d'insigne stirpe cortonese, penso che converrebbe riaccendervi dinanzi per memoria e per presagio, col più lieve olio di Lucchesìa, la grande lampada etrusca di Cortona, quella bronzea cerchia d'iddii e di mostri girata intorno alla maschera fatale della Gòrgone, ove s'avvicendano la mammella e l'ala, il diadema e l'onda, la strage e la musica, la sampogna di Pan e la tibia di Pallade, la pantera balzante e il guizzante delfino, forma più carica di fecondità che non la guaina della Diana efesia.

Ma mi sovviene dei quaderni sgualciti e sconnessi ch'io vidi un giorno in mano a un bestiaio della Maremma, opera d'un de' suoi vecchi selvaggio copiatore, più cari a lui che non fosse al duca d'Urbino il gran codice alluminato. E del ricordo m'appago.

Era la cantica dell'*Inferno*, trascritta forse con una sola penna come quell'Alcorano del Soldan circasso regnante in Egitto. Al bestiaio veniva per retaggio della sua gente, con la sella bene arcionata, con la lacciaia manevole, con i cosciali di pelle di capra, con l'uncino di legno di corniolo. Io aveva veduto l'uomo alla vacchereccia, in tempo di merca, vedutolo afferrare per le due corna la vitella già presa e trascinata dal capoccio a cavallo, abbatterla con una stratta, cader con essa a terra e incornarla, poi sedersi nel cavo fatto dalle zampe impastoiate sotto la pancia palpitante, attendere che venissero i marcatori co' lor ferri roggi, alla bestia marcata intagliar col coltello l'orecchia e gittar nel mucchio pel novero il pezzo di cartilagine sanguinente. L'incontrai, dopo alcun giorno, nella macchia, lontano dai mandrioli cimentosi, quando il puzzo delle cuoia affocate e dello sterco espulso dal terrore era vanito coi fumi coi mugghi e coi gridi nel vento di maggio. Stava sotto a una sughera il cui tronco, scorzato di recente, mi pareva aver lo stesso colore del segno che rimane tra il pelo annerito dalla bruciatura del marchio; il qual colore somiglia pur quel dei fittili che ornava di figure geometriche il vasaio etrusco imitando gli antichissimi, nati avanti l'arte dell'Ellade. Così l'uomo mi richiamava alla memoria il lineamento del guerriero con la càsside, che soprasta a una tomba della necropoli di Vulsinii. Così i puledri dal lungo crine e dall'alte gambe, intorno pascolanti, mi rammentavano i cavalli aggiogati ai carri nei giuochi funebri in onore di Patroclo sul famoso vaso. L'errore del tempo era abolito; e tutte le cose erano fatte d'eternità come il cielo cavo; e la nuda vita era simile a un'arte recondita.

Nelle mani sforzevoli, atte a incornare impastoiare mutilare, il bestiaio teneva i suoi quaderni come foglie e scorze. «Che leggi?» gli chiesi. «Il mio Dante» mi rispose. «Di grazia, leggi ad alta voce» pregai. Non si peritò.

Divinità del Canto! La selva selvaggia ed aspra e forte era d'intorno; e il vento animava fin le tombe nascoste sotto il suolo, valicando i forteti di Monteverro fertili di cignali, i Poggetti che ama la beccaccia, le Forane ove il bandito vuol morire, e di là da Tricosto le rupi di Ansedonia, e più lungi la Via Aurelia, più lungi il pian di Vulci, la grandezza dei nomi che dilatano le solitudini, la tristezza del mare che ha un sol lido per piangervi un pianto senza fine. Quando la voce rude si tacque, sembrò che il coro aereo delle allodole rapisse l'ultima rima e la traesse oltre la bianca nuvola e mille volte la modulasse nei suoi modi e ne facesse un inno sempre rinascente e d'attimo in attimo più la inalzasse fino al culmine del giubilo e del fulgore. L'uomo guardava in alto attonito come se quella melodia salisse da' suoi quaderni e da' suoi precordii. Senz'aver letto la suprema cantica, or egli conosceva in luce e in suono l'arte del *Paradiso*.

Non altrimenti è da conoscer tutto Dante. Il bestiaio di Maremma me l'insegnò; che meglio di me sapeva riceverlo sotto la specie del canto eterno, col medesimo orecchio prendendo gioia dal trillo dell'allodola e dalla terza rima. Non si gravava di chiose il suo selvaggio codice, né egli dimandò mai ad alcuno che le oscurità gli fossero chiarite; ma il suo puro sentimento lo induceva a inchinar l'anima verso il poema sacro come verso «una musica imperscrutabile».

Per ciò auguro che fra cinquant'anni, pel Centenario della Nazione costituita, alfine il Libro sia offerto agli Italiani nella sua nudità come s'addice a creatura tutta quanta viva ed immortale; se non giovi sperare che ciascuno di suo pugno lo trascriva, come per averlo in possessione di corpo e di spirito. Considerando il gesto dell'eroe romano dagli occhi grifagni nella giornata del Faro, quando gettatosi in mare sotto il saettamento egli tenne sempre levato nella manca il rotolo fuor del flutto, mi sembra di vedere in esso una similitudine di ciò che il nostro Genio comanda alla nostra virtù nella nostra guerra. *Elata laeva*.

E come la *Comedia* è una imperscrutabile musica, così Dante è un onnipresente mito. Chi dunque s'attese che io qui componessi la sua biografia? Dell'averne avuto il pensiero e assunto l'obbligo io mi vergognerei, se l'uno e l'altro non avessi portato in me fino a oggi come affanno e cruccio e quasi rimorso invitto. Ha egli cessato di vivere e di apparire?

I più profondi iddii non sono quelli che creano la stirpe ma quelli che la stirpe crea. In tutto l'Occidente, anzi in tutta la Cristianità, non è creazione più durevole di quella che Dante compì su noi né più mistica di quella che noi compimmo su Dante. Di tutto ciò che è terribile, di tutto ciò che è magnanimo, di tutto ciò che è sublime noi facemmo lo spirito dantesco, noi creammo il nume dantesco; il quale è come un interior fuoco di bellezza, accolto nell'imo della nostra natura, e non manifesto se non talora per sùbita vampa o per isterminato baleno. Si può dunque dire che questo libro sia il Libro del cànone italico. Quando in un'opera d'arte o in un'opera di vita batte il suo ritmo, si può dire che qui compitamente si rilievi o si stampi il più severo carattere della nostra potenza. Quella figura è dantesca, quell'azione è dantesca. Anche i luoghi se ne risentono, come trattati dal pittore o dallo scultore invisibile. Quella piaggia, quella rupe, quella palude sono dantesche.

Nacque egli da un Alighiero di Bellincione degli Alighieri e da una donna Bella, in una casetta posta su la piazza dietro a San Martino del Vescovo, presso la Badìa? Ma se io salgo alla chiesa superiore d'Assisi in un mattino di maggio e odo per le mura cantare l'anima umana nella gloria del cielo approssimato, sento che quivi egli nasce ed abita. Se entro nella Cappella Sistina e guardo quella sovrumana volta che è come il portale del Fato occluso dalla forza dal dolore e dall'attesa d'una moltitudine eroica, sento che quivi egli nasce ed abita. Amò egli Beatrice di Messer Folco di Ricovero dei Portinari? Mise la man cruda nei capegli della «bella pietra» a saziarsene? Si piacque d'una Gentucca? Ma se leggo tal parola della *Vita Nuova*, tal verso della *Comedia*, sento ch'egli ha tenuto su le sue braccia scarne l'Amore svegliato dalla lampada di Psiche e gli ha ridato il sogno col suo canto. Fu egli buon feditore? Combatté egli a cavallo sul piano di Campaldino contro i Ghibellini di Toscana e di Romagna? Fu a oste contro Caprona con la cavallata della Taglia guelfa? Ma nessuno meglio di lui sa l'orrore della morte sanguinosa, il sangue che gorgoglia nella gola forata, la vista che vacilla e si spegne, il gelo del corpo voltolato dalla rapina delle acque. Ma l'Aquila romana non volò sul mondo con un rombo così veloce e così vasto come vola nelle sedici terzine del cielo di Mercurio.

Da indi scese folgorando a Juba,
poi si rivolse nel vostro occidente,
dove sentìa la pompeana tuba.

Il tuono della guerra echeggia in questi versi immensi, da continente a continente. Le vie della terra risuonano sotto la ferrata celerità cesàrea. E fu egli preposto dal Magistrato fiorentino al raddrizzamento della viuzza di San Procolo, insieme con Ser Guglielmo della Piacentina notaio? Una sola data è solennemente da ritenere e da benedire, quella del bando: addì ventisette di gennaio dell'anno mille trecento due. Il priore compagno d'un Noffo di Guido Bonafedi e d'un Bindo di Donato Bilenchi, il contumace accomunato con un Lippo Becchi e con un Orlanduccio Orlandi, il fuoruscito bianco per le vie dell'esilio entra nel suo vero mondo e nella sua vita vera, si accinge a compiere il suo destino eroico sotto la specie dell'Eternità. Che importa s'egli sia della ragunata di San Godenzo, s'egli erri da Verona a Padova, da Padova in Lunigiana, di Lunigiana in Romagna? E che son mai per lui il Comune guelfo nero, lo Scaligero, il Malaspina, l'Ordelaffi? Vide egli Arrigo VII in Milano e inchinò la maestà imperiale? Ma egli fa sì che l'ideal tipo dell'Imperatore, senza nome e senza volto, splenda per sempre nella nostra imaginazione sotto un ondeggiamento innumerevole di vessilli.

Intorno a lui parea calcato e pieno
di cavalieri, e l'aquile nell'oro
sovr'esso in vista al vento si movieno.

È Traiano? È Arrigo di Lussemburgo? È l'Imperatore. Omai di tutto egli tocca il fondo, egli esprime l'essenza. Quel ch'egli guarda, gli appartiene in perpetuo. Secondo la parola del Mistico, il suo occhio e ciò ch'esso vede sono una cosa sola.

Il più acuto e intento occhio umano quello che vide apparire la città rossa di Dite, Filippo Argenti abbrancare il legno di Flegiàs, gli avelli scoperchiati ardere, Farinata drizzarsi, il padre di Guido ricader supino, Chirone scoprirsi con lo strale la gran bocca, sanguinare lo sterpo di Pier della Vigna, le nere cagne dilacerar Lano e Jacopo, Vanni Fucci squadrar le fiche a Dio, la fiamma cornuta d'Ulisse e di Diomede crollarsi mormorando, Oderisi torcersi sotto il peso del sasso, i compagni di Sapìa dalle palpebre cucite sorreggersi a vicenda con la spalla come i ciechi mendicanti alla porta delle chiese levando il mento in su. Il più profondo e immoto occhio umano quello che sostenne la vista nuova del miro gurge, della candida rosa, di tanta moltitudine volante, e dell'Ultima Salute.

Chi avrebbe potuto fisarlo? Qual degli antichi artefici avrebbe saputo ritrarlo? E dove cercheremo noi la sembianza di quegli che sbigottì le donne di Verona? Nella Cappella di Santa Maria Maddalena al Palagio del Podestà? nella Cappella degli Strozzi in Santa Maria Novella? sul muro di Santa Maria in Porto fuor di Ravenna? nel disegno del codice palatino? nella tavola di Domenico di Michelino? nella miniatura del manoscritto riccardiano? Ma anche il suo volto è mitico, scolpito dalla necessità del suo proprio spirito e dalla necessità della nostra fede. L'occhio è grande perché aggrandito dalla sua natura vorace e dalla visione continua, cavo e cerchiato d'ombra perché vive da sé, vive in sé, come qualcosa che s'apra solitaria al sommo dell'anima e non abbia attenenza alcuna con gli altri sensi carnali. Il naso è aquilino come quel che indica il gentil legnaggio, la forza imperiosa, la maschia alterezza; e una ruga lo segna alla radice perché il pensiero la incise e la profondarono i crucci. Grande è la mascella e robusta perché rilevato sia il lineamento dall'osso che la natura destina a prendere e a stritolare quel che l'istinto ha scelto. Proteso e appuntato è il mento perché abbia la forma ferrea del conio che penetra e fende il tronco più duro. La bocca è come un serrame ermetico, suggellata sul gran fuoco interiore, inclusa in due solchi, quasi da due fossi difesa; ma dal labbro di sotto è quel di sopra avanzato perché contro il sopruso e l'oltraggio persista il segno del dispregio immutabilmente. Un che di sacerdotale e di regale assume dalla benda la fronte; e bendate sono anche le gote a quel modo che il sudario le fascia ai sepolti, perché tutta la figura abbia un che del resuscitato Lazaro, un che dell'uomo sollevato dal miracolo sopra l'ombra della morte.

Il giorno dopo quello dell'Assunzione, *"sol calando"* – 1911, agosto
Gabriele d'Annunzio

TAVOLE

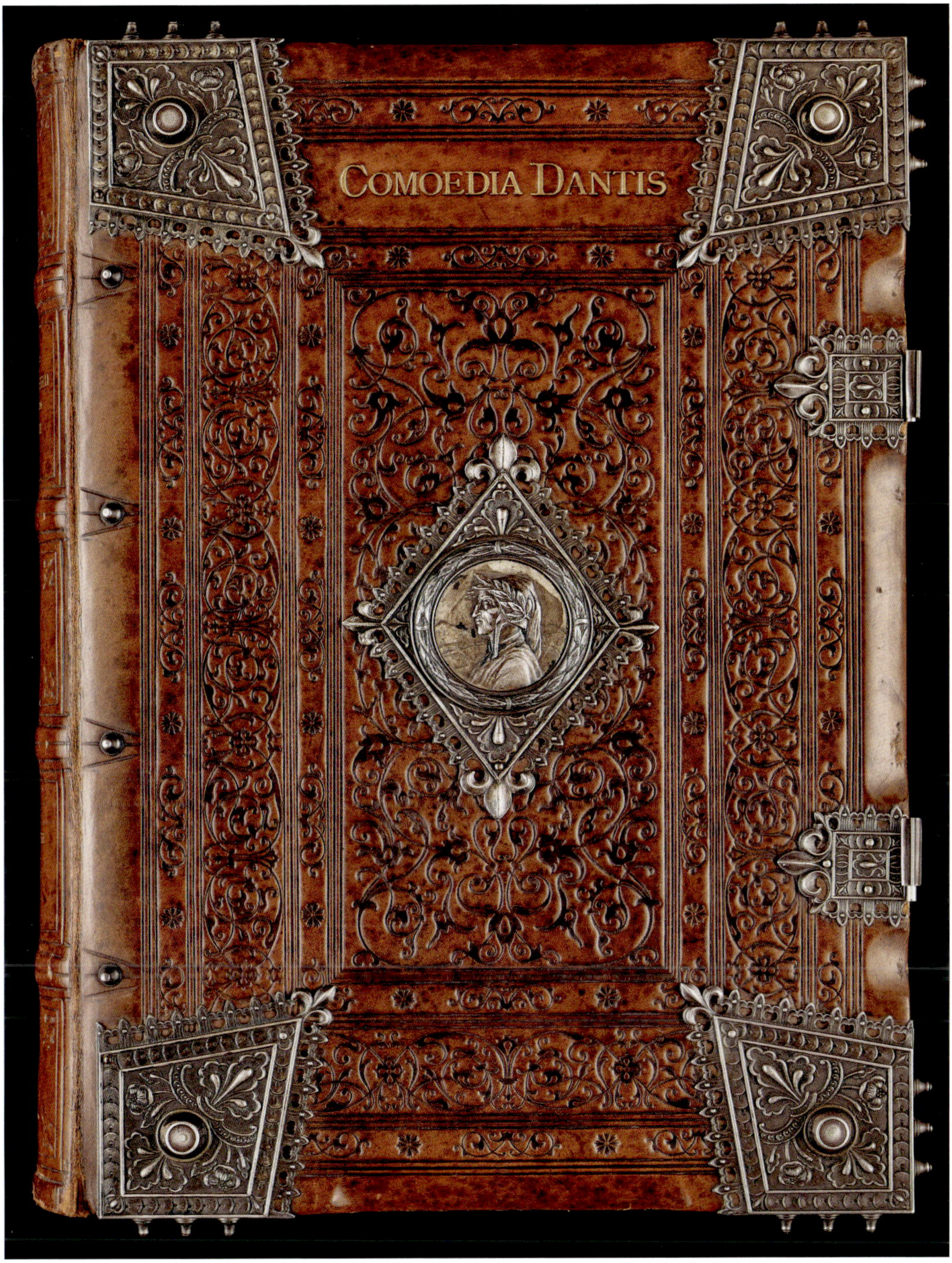

Tav. I. *La Comedia del divino Dante Alighieri da Firenze con la esposizione di Giuseppe Lando Passerini da Cortona e con un proemio di Gabriele d'Annunzio* (1911). Legatura.

Tavv. II-III. *La Comedia del divino Dante Alighieri da Firenze con la esposizione di Giuseppe Lando Passerini da Cortona e con un proemio di Gabriele d'Annunzio* (1911). Incipit dell'Inferno.

¶ COMINCIA LA COMEDIA DEL DIVINO POETA DANTE ALIGHIERI NE LA QVALE TRATTA DE LE PENE E PVNIZIONI DE' VIZII E DE' MERITI E PREMI DE LE VIRTV. CON VNA NOVA INTERPRETAZIONE DI GIVSEPPE LANDO PASSERINI PATRIZIO CORTONESE E FIORENTINO.

PRIMA CANTICA LA QVALE SI CHIAMA *INFERNO*. ☙ PRIMO CAPITOLO. ☙ AL NOME DI DIO. AMEN.

La selva oscura.

NEL MEZZO del cammin di nostra vita
mi ritrovai per una selva oscura,
ché la diritta via era smarrita.

Ahi quanto a dir qual era è cosa dura
questa selva selvaggia et aspra e forte,
che nel pensier rinnova la paura!

Tanto è amara, che poco è piú morte:
ma, per trattar del ben ch'io vi trovai,
dirò de l'altre cose ch'io vi ho scorte.

Io non so ben ridir come io v'entrai,
tanto era pien di sonno in su quel punto
che la verace via abbandonai;

Il colle.

ma, poi ch'io fui a pie' d'un colle giunto,
là dove terminava quella valle
che m'avea di paura il cor compunto,

guardai in alto, e vidi le sue spalle
vestite già de i raggi del pianeta
che mena dritto altrui per ogni calle.

Allor fu la paura un poco queta,
che nel lago del cor m'era durata
la notte ch'io passai con tanta pieta.

E come quei che, con lena affannata,
uscito fuor del pelago a la riva,
si volge a l'acqua perigliosa e guata;

¶ *Nel mezzo:* cioè, quando Dante era giunto al ' punto sommo dell'arco della vita, che ne li uomini perfettamente naturati è nel trentacinquesimo anno, ' com'egli dice in *Conv.*, IV, 23. Dante infatti era nato, come pare oramai certo, nel 1265, e incominciò quindi il suo viaggio nel 1300; la qual data, ' per quanto vigorosamente contraddetta, - nota il Casini, - è pur sempre la piú comunemente accettata e forse la piú vera '. Secondo dunque la meno improbabile opinione, l'azione del Poema si svolge nel giro di sette giorni, incominciando dalla notte tra il dí 8 e il 9 di aprile, cioè dalla sera del venerdí santo del 1300. Il Poema è polisenso: ovvero di piú sensi; imperocché l'uno si ha per la lettera, l'altro per le cose dalla lettera significate; e il primo dicesi litterale; il secondo poi allegorico, o morale, o anagogico. Cfr. *Epist.* X. ¶ *per una selva oscura:* dentro una selva fitta, e siffattamente ingombra di intricati rami, che non davan luogo al passare, e non mostravano alcuna sicura via. In questa selva è raffigurata l'umana vita, appunto chiamata da Dante ' selva erronea ', nella quale chi entra ' non saprebbe tenere il buon cammino, se da li suoi maggiori non gli fosse mostrato '. *Conv.*, IV, 24. ¶ *diritta via:* la via del bene, donde la umanità non dovrebbe dilungarsi mai. ¶ *dura:* grave, piena di angoscia, triste a ricordare e a descrivere, come tutte le cose che ci riconducono a memoria pensieri penosi o dolorosi eventi. ¶ *selvaggia et aspra e forte:* cioè selvatica piú d'ogni altra, piena di intrighi e difficile a traversare. ¶ *amara:* dolorosa e paurosa e terribile poco men che la morte, della quale sopra tutto gli uomini hanno spavento. Il pensiero della selva selvaggia, rinnovandogli la paura onde fu assalito nel trovarvisi a un tratto dentro, lo torrebbe ora dal parlarne, se non dovesse narrare il bene che vi trovò, e le altre cose che dipoi vi scôrse. ¶ *pien di sonno:* assonnato per modo, ch'ei non sapeva che si facesse e ove andasse. Allegoricamente, vinto dal peccato che ingombra e offusca l'anima. ¶ *verace:* buona, sicura; la ' diritta via ' del bene. ¶ *quella valle:* il luogo basso e oscuro e selvatico: cioè la vita peccaminosa, opposta al colle solatío, cioè al viver semplice e puro. ¶ *spalle:* i fianchi del colle, illuminati dai raggi del sole, che secondo le dottrine tolemaiche, allora seguíte, era il quarto pianeta. *Conv.*, II, 14. Nel sole è raffigurato Iddio padre, ' sole spirituale e intelligibile '. *Conv.*, III, 12. ¶ *Allor fu la paura:* uscito fuori dalla oscurità della selva fonda, l'animo del Poeta si rinfranca alla vista del sole, che ride co' suoi primi raggi sulla costa del monte. ¶ *lago del cor:* la cavità del cuore, ove il sangue affluisce e si accoglie. Nella *Vita nova*, I, 15: ' lo spirito della vita, lo qual dimora nella secretissima camera del cuore '. Cfr. anche le canzoni: *Cosí nel mio parlar,* e: *Donne, io non so.* ¶ *la notte:* cioè, il tempo dello smarrimento nella selva e nel viver peccaminoso. Il Torraca: ' allude non solo al tempo, ma anche al modo del suo stare nella selva oscura, dopo che vi si fu ritrovato '. ¶ *pieta:*

a

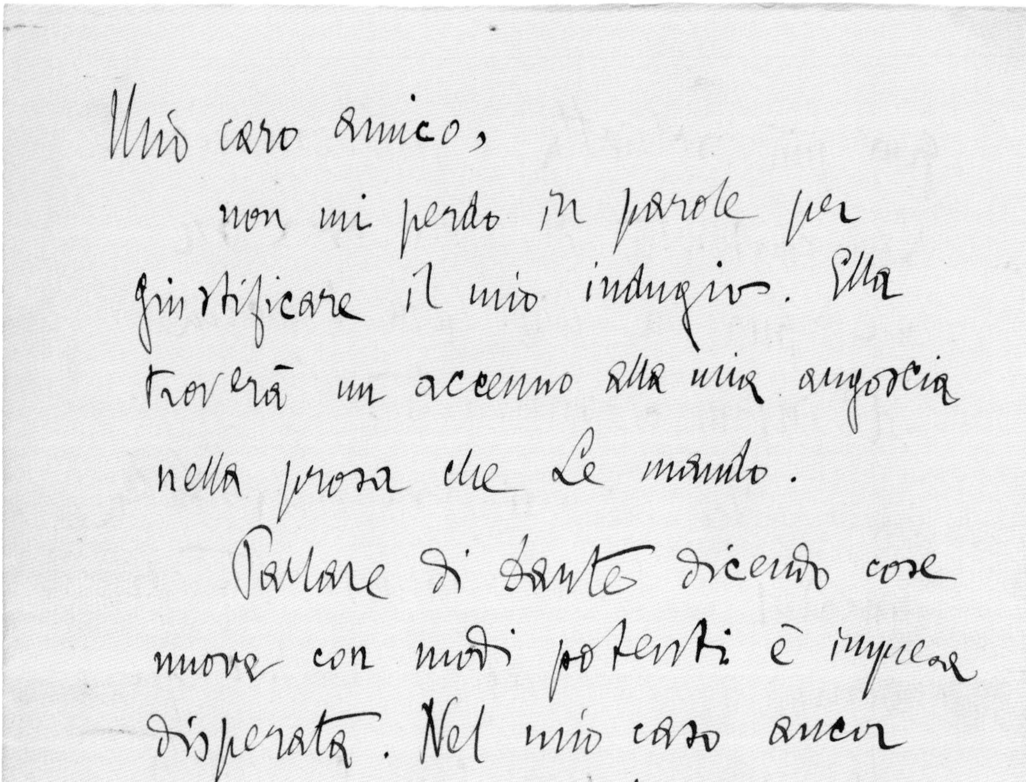

Mio caro amico,

non mi perdo in parole per giustificare il mio indugio. Ella troverà un accenno alla mia angoscia nella prosa che Le mando.

Parlare di Dante dicendo cose nuove con modi potenti è impresa disperata. Nel mio caso ancor più difficile era trovar l'<u>accento</u> giusto. Credo d'averlo alfine trovato.

In ogni modo, mi sembra di non aver mai scritto in una lin-

Tavv. IV-X. Gabriele d'Annunzio a Leo Samuel Olschki, 16 agosto 1911, lettera di accompagnamento del proemio (Centro Dantesco di Ravenna).

gua più schietta e più energica.
Son contento di non aver su
me pur la più lieve traccia
d'infranciosamento.

Ella mi chiedeva una bella
pagina. Il mio manoscritto si
compone di pagine trentacinque.
Ho dunque più che colmata
la misura. Lascio Lei giudice
se convenga ristampar, dopo
questa prosa, le mie Laude.

È necessario che io riveda
le bozze. Me le mandi: le

riceverò nello stesso giorno.

Imagini l'affanno del dover lavorare senza libri! Non ho qui se non tre o quattro Danti e niente altro.

(A proposito, le incisioni della edizione di Niccolò della Magna si possono attribuire al Botticelli?

Confronti se il colophon della edizione di Foligno sia esatto.)

Penso che, dopo il tuono dell'ira, Ella voglia ferirmi d'un raggio

di sole. Per far cosa grata all'ami-
co Passerini accettai condizioni
molto, in verità, umili. Talvolta
gli Umanisti esercitavano l'arte
liberale della dimenticanza. Penso
ch'Ella dovrebbe dimenticare
d'aver versata una certa som-
ma al mio segretario (io
non la vidi né conobbi),
e considerare con animo
novo la mia prosa numero-
sa. In tal caso io Le donerò

il mio manoscritto originale, ov'Ella vedrà con qual penna sia vergata la Sua lode.

Che debbo or fare del mio esemplare? Rimandarlo?

Publicherò nel Corriere della Sera il mio Proemio. Il Barzellotti sa che m'ero riserbato questo diritto, il quale non può non esserle gradissimo. L'elogio del Libro non potrebbe aver più larga e degna divulgazione.

Per ciò La prego di guardarsi
dalle indiscrezioni, nel corso
che i gazzettieri facciano
ressa secondo il lor costu-
me.

Penso con malinconia
alle selve di Vallombrosa,
e alla casa ospitale ove
gustai vivande non men
saporite dei bei libri
in custodia.

Quando ci rivedremo? L'esi-

Ciò è certo una prova eccitatrice per uno spirito robusto; ma incomincia a pesarmi. E più d'ogni altra cosa soffro della mancanza di libri. Ed Ella sa che anche la mia biblioteca è in pericolo!

O patria!

Le stringo la mano affettuosamente.

Il suo

Gabriele d'Annunzio

Arcachon: 16 agosto 1911.

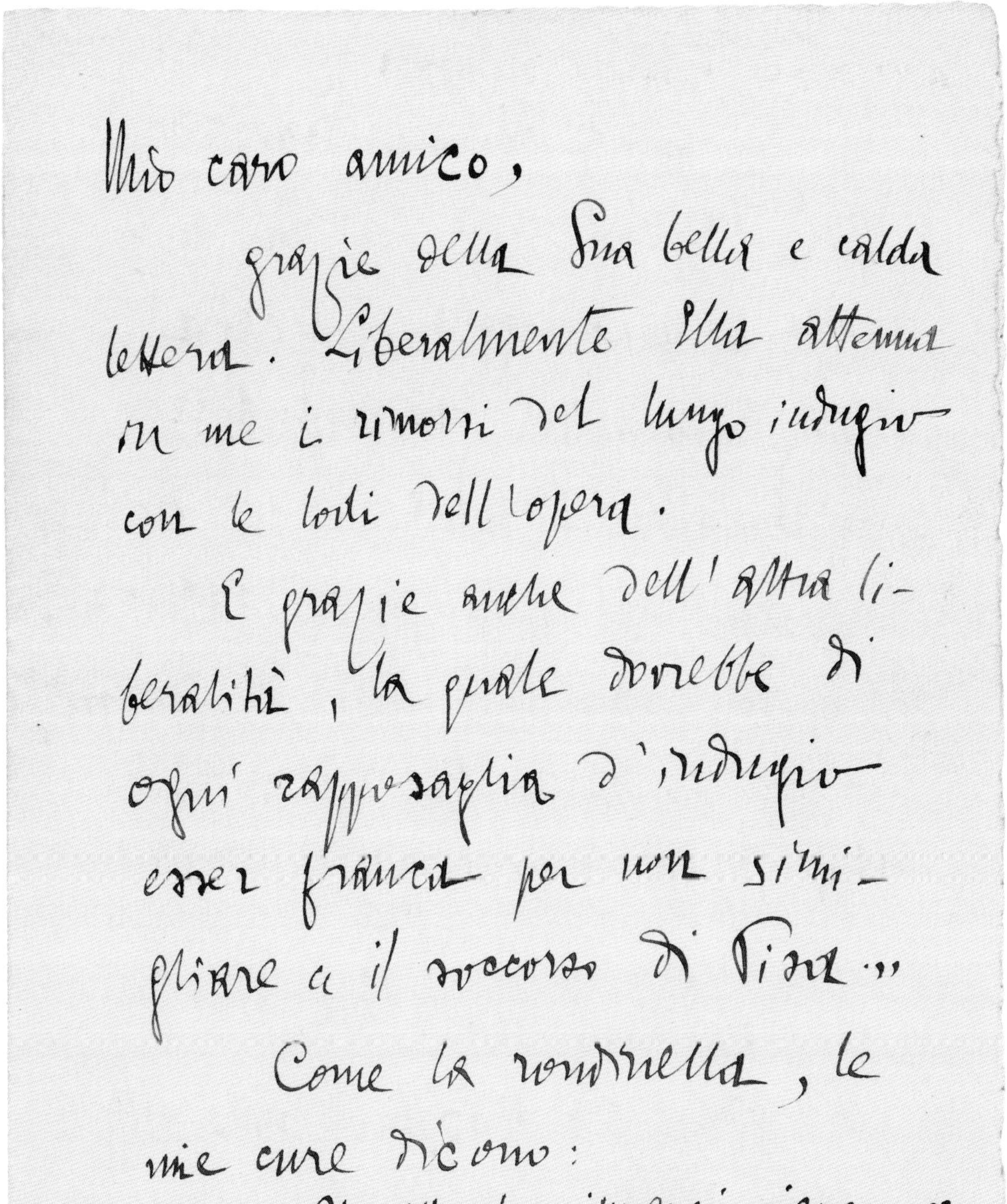

Mio caro amico,

grazie della Sua bella e calda lettera. Liberalmente Ella attenua in me i rimorsi del lungo indugio con le lodi dell'opera.

E grazie anche dell'altra liberalità, la quale dovrebbe di ogni rappresaglia d'indugio esser franca per non simigliare a "il soccorso di Pisa..."

Come la rondinella, le mie cure dicono:

"Il settembre innanzi viene..."

Tavv. XI-XIV. Lettera di Gabriele d'Annunzio a Leo Samuel Olschki, 30 agosto 1911 (Centro Dantesco di Ravenna).

Le ho spedito il manoscritto in-
tiero. Spero che Le sia giun-
to, se bene oggi io riceva
un Suo saluto ravennate.
Guardando il sole morire su
i pini del mio parco sabbioso,
e ripensando il lido di Chiassi,
più acutamente ho sofferto
il male della patria.

Più d'ogni altra Sua gen-
tilezza mi tocca quella dell'a-
ver volto il pensiero ai miei

libri, a quel cibo che solum è mio, come disse il Segretario. Li riavrò? Li perderò? Non so dirle quanto io ne angosciato in cuore.

Dalle parole di noti e d'ignoti qui giuntemi, sembra che la mia prosa abbia commosso qualche animo. Ne son lieto per Lei e per il Libro.

Rispedisco il volume ponderoso; ma non manchi di rimandarmelo presto. L'Esule conforta l'esule.

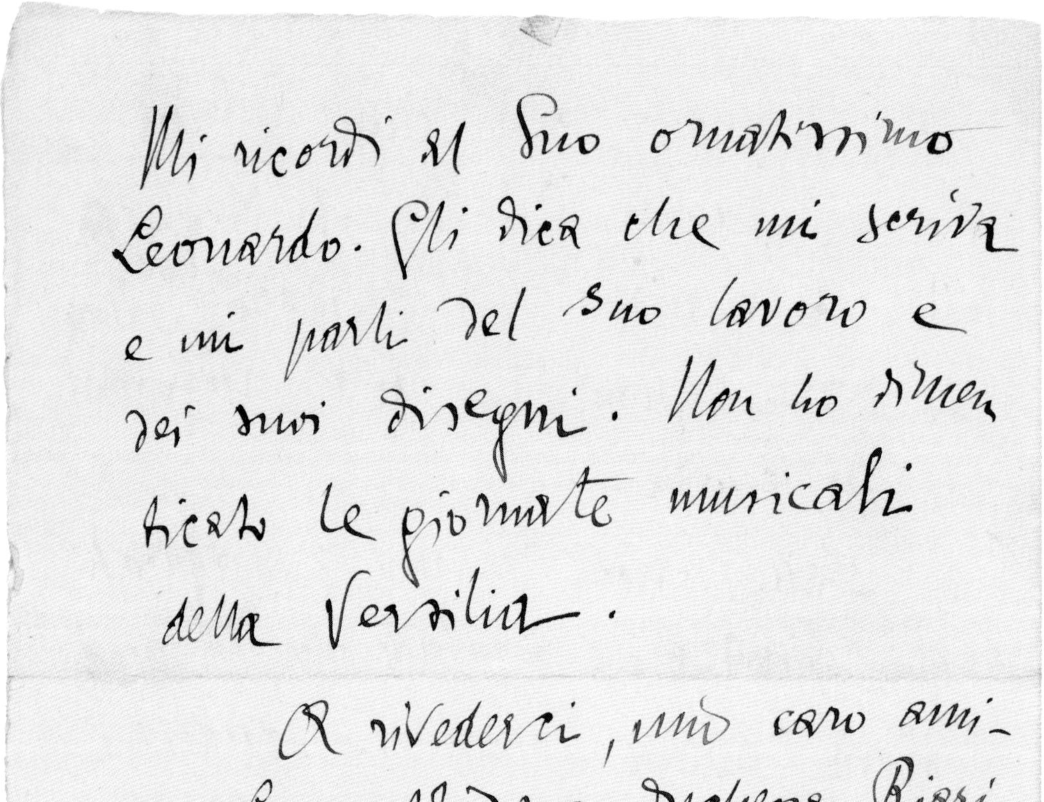

Mi ricordi al suo ornatissimo Leonardo. Gli dica che mi scriva e mi parli del suo lavoro e dei suoi disegni. Non ho dimenticato le giornate musicali della Versilia.

A rivederci, mio caro amico. La gentilissima duchessa Riario mi scrisse d'una visita recente e degli amichevoli ricordi.

Le stringo la mano affettuosamente. Gabriele d'Annunzio

+ 30 agosto 1911, Arcachon.

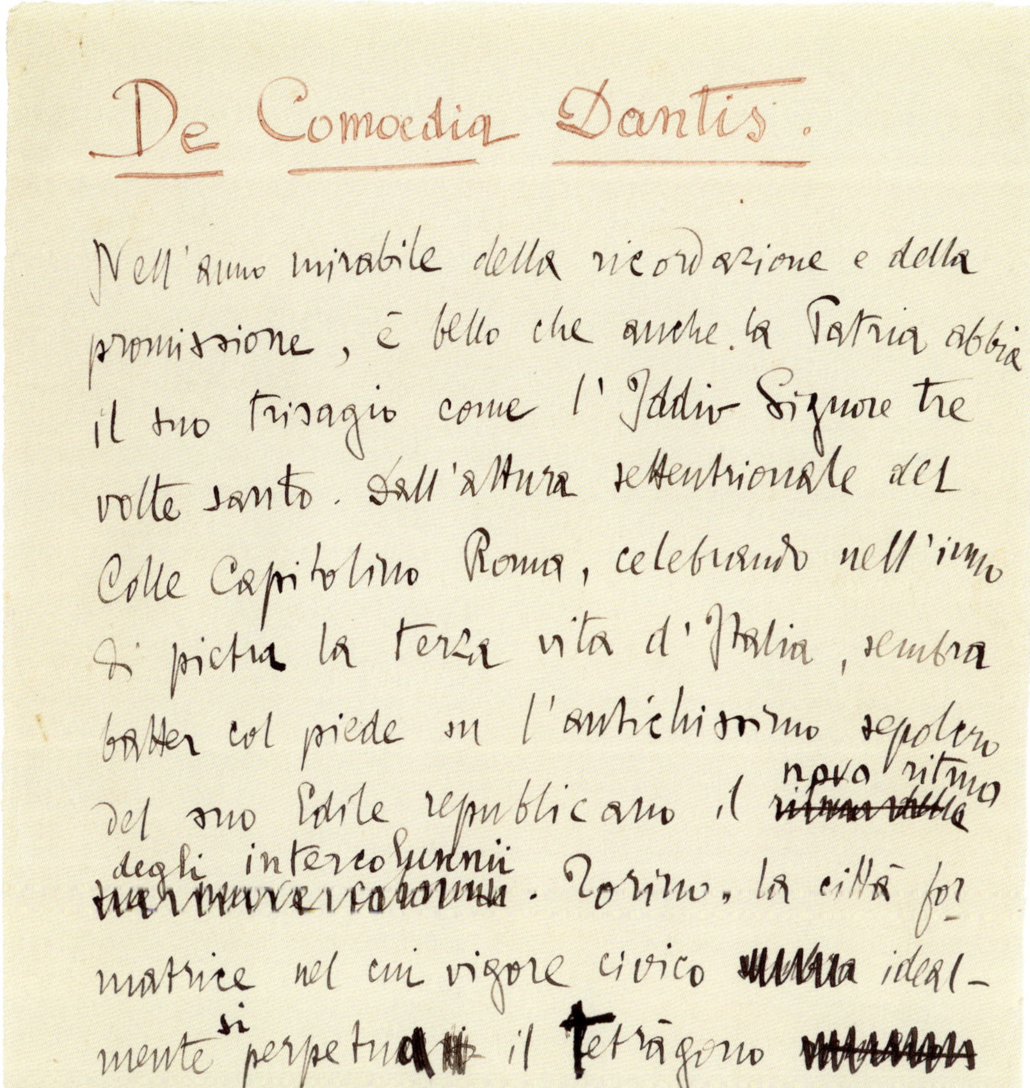

De Comoedia Dantis.

Nell'anno mirabile della ricordazione e della promissione, è bello che anche la Patria abbia il suo trisagio come l'Iddio Signore tre volte santo. Dall'altura settentrionale del Colle Capitolino Roma, celebrando nell'inno di pietra la terza vita d'Italia, sembra batter col piede su l'antichissimo sepolcro del suo Edile repubblicano il novo ritmo degli intercolunnii. Torino, la città formatrice nel cui vigore civico idealmente si perpetua il tetragono che disegnava la sua primiera cerchia au-

Tavv. XV-XLVIII. Manoscritto autografo del proemio di Gabriele d'Annunzio (Centro Dantesco di Ravenna).

giostra, alza dal suo stadio in un
vasto coro virgineo il carme delle prima-
vere che furono e di quelle che non nacque-
ro. Firenze, quasi nel suo cielo atteggia-
ta da quella stessa terribil mano che
nella Sistina volse la Sibilla di Libia
a reggere con le due braccia l'aperto
volume come la cetra del mondo, di-
ce: «Ecco il Libro.»

Ecco il Libro novamente impresso
nel modo giuntino, che è un modo musicale,
da uno stampatore usato di marcar con l'ingegno nella
bottega accanto alla Badia, apud Juntas.
L'ornano le imagini dell'arte ingenua,
lo dichiarano le glose della recente
sapienza, lo distinguono le rubriche

3

di quel bel rosso vivo che attinto alle porpore dell'orisco giglio. A volta a volte vi traspare in filigrana, per la pagina che sotto il dito volgente crepita o garrisce, l'effigie laureata del Cantore entro la corona chiusa come il cerchio dell'Eternità, e il nome del bibliopola dedicatissimo scritto in sigla entro il cuore diviso e crociato ch'è segno d'amore e di travaglio. Lo spazio dei margini, le distanze tra linea e linea, la disposizione dei fregi, la collocazione dei segni, le varie accortezze e grazie della stampa seguono la regola medesima che conduce il musico o l'architetto nel compartir gli intervalli da una sigo-

lore vicenda, che per ricorrere varca più di quattro secoli, sfolgorare accresciuta la nobiltà del lavoro.

Quando i procacciatori del Bessarione vedendo tenendo mani di Costantino Lascari l'incunabolo portentoso irridevano a quel trovato di Barbari, quando Federico da Montefeltro in mezzo al suo stuolo di copiatori mostrava d'avere a sdegno e stomaco la novità di Alamagna arricciando il naso gibboso che s'infutura nel dittico di Piero de' Franceschi, un orafo e zecchiere di Foligno, pratico in intagli di acciarile in istampe di conii, chiamato Emiliano Orfini, fermò il pensiero primo di mettere in torchio il poema di Dante. Questo erede d'una famiglia privilegiata

5

di zeccar moneta e pel Comune e pel Papa
e pel tiranno, possedendo una propria car
tiera sul Sasso di Pale, tratto
dall'arte sua stessa e dai suoi stessi negozii a ben considerare
quella invenzione dei punzoni e delle ma-
trici e dei caratteri mobili. Spesso
il suo cavallo grosso ambiava su la Via
Flaminia verso l'Urbe e di là tornava
alla turrita Porta Romana ove forse
lo attendevano per novelle qualche foli-
gnate di molte lettere come Silvestro
Baldoli o Nicolò Tignosi o Federico
Buonaroglia. Era egli in contatto con
quei due Alemanni del Monastero di
Santa Scolastica per fornir carta di
Pale ai bisogni della stamperia? Aveva egli avuto

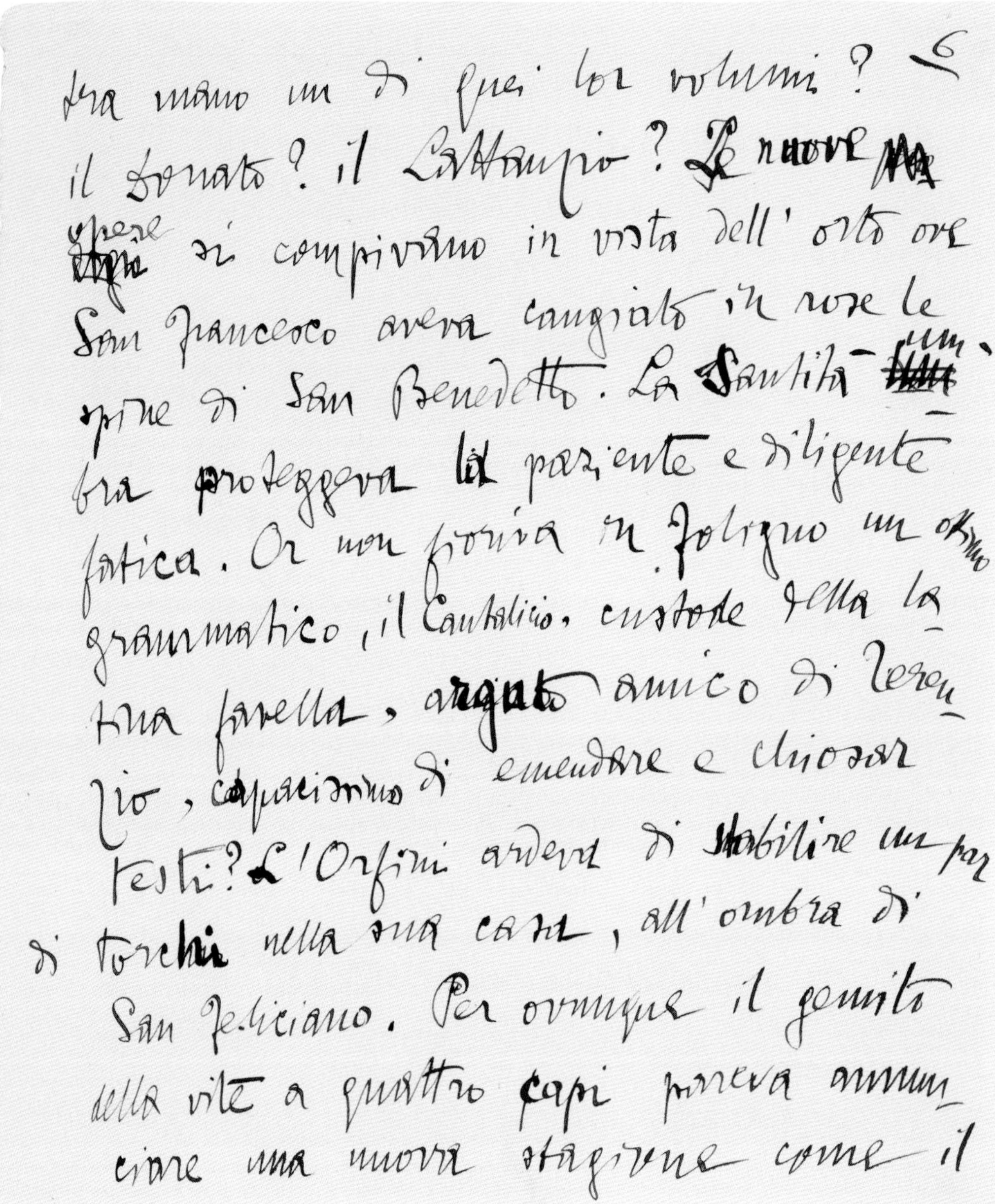

fra mano un di quei bei volumi? 6
il Donato? il Lattanzio? Le nuove
opere si compivano in vista dell'orto ove
San Francesco aveva cangiato in rose le
spine di San Benedetto. La Santità um-
bra proteggeva la paziente e diligente
fatica. Or non fioriva in Foligno un ottimo
grammatico, il Cantalicio, custode della la-
tina favella, arguto amico di Teren-
zio, capacissimo di emendare e chiosar
testi? L'Orfini ardeva di stabilire un par
di torchi nella sua casa, all'ombra di
San Feliciano. Per ovunque il gemito
della vite a quattro capi pareva annun-
ciare una nuova stagione come il

7

gnido della rondine. Forestieri opravano
dove si potesse, da Giovanni di Spira
favorito di privilegio in Venezia al prete di
Strasburgo rimpiantato in Napoli aragonese. Alla
Bernardo Cennini in Firenze, a Bal-
dassarre Azzoguidi in Bologna già
con prontezza italica si davano a
studiar quell'arte, vi s'addestravano
e affinavano, togliendo la maestria
di maestri, forieri della prossima
eccellenza. Ogni una sera, a Roma, in una
bottega su la via delle Coppelle, il Foli-
gnate s'incontrò con un omaccino di
Colonia che portava un pellicciotto unto
come la sua barbuccia di becco
e una berretta lunga che gli ricadeva
su gli occhi delicati per proteggerli dalla

luce soverchia. Costui tastava la carta di tale con tre dita annerite che lasciavan la traccia nel bianco. Di tratto in tratto si posava una mano su lo stomaco per rattenere e risollevare qualcosa che lo gravava: un sacchetto di cuoio pien d'olio caldo, ch'ei portava per suoi malanni all'usanza aristotelica. Era lo stampatore Giovanni Numeister.

Divenuto socio dello zecchiere Umbro, il maestro renano su la riva del Lupino fondò la stamperia memorabile ond'era per uscire il primo esemplare impresso della Divina Commedia.

Nel mille quatro cento septe et due

Nel quarto mese adì cinque et sei
Questa opera gentile impressa fue.
Io. Maestro Johanni Numeister opera dei
Alla decta impressione..

Momento di misterioso valore quello in cui, brillando l'aprile su gli olivi della terra serafica e ai davanzali e alle soglie della casa di Emiliano Orfini, adattò il buon torcoliere la forma dei caratteri sul torchio e girò la vite di legno come a uno strettoio da uve per premere l'ultimo foglio. Era il tempo di pasqua, che solea muovere a una «volontà di dire» nel giovine Alighieri prima dell'esilio; era la «dolce stagione», che conforta la paura del pellegrino impedito dalla lonza leggiera,

al cominciar dell'erta, prima che 10
il savio Duca gli apparisse. Mi piace
d'imaginare che quivi fossero convenuti
quanti la grazia dell'Umanesimo ave-
va tocchi e spetrati e gravi dentro. forse il
grammatico, e taluno de' suoi scolari ben
chiomati come i compagni delle verghe
nello *Sposalizio* d'Ottaviano Nelli. Forse
v'erano Sigismondo de Comitibus e Marco
da Rasiglia, che anch'eglino avean già veduto per se medesimi «l'arte del
dire parole per rima»; e Michelagnolo
Grilli, il litteratissimo cancellier del Co-
mune; e il vescovo Antonio Bettini,
il Senese, che in Fonte Branda avendo bevuto
come Enea Silvio l'amor d'ogni dottrina,
doveva poi mandare alle stampe il
suo *Monte Santo di Dio* presso quel

Niccolò di Lorenzo della Magna (11

intento già a preparare le forme pel comento di Cristoforo Landino e per le imagini di Sandro Botticelli. V'era forse anche l'Alunno; che conosceva la malinconia del mondo e la bellezza del pianto come l'amatore il quale un giorno aveva disegnato figure d'angeli su certe sue tavolette; e veniva egli forse dall'aver dipinto in Duomo i due sublimi Angeli piangenti.

Penso che tutti tacessero, e che non s'udisse quivi se non stridere il legno tra mastio e chiocciola, fuori garrire qualche balestruccio, e l'infinito anelito

Mi sembra che 12

della primavera a quando a quando. Nella
loro inconsapevolezza pensiero almen sentire il
l'ansia d'una vita nuova, la rinasci-
ta d'una grande cosa occulta, e quella
immobilità che è nell'asse quando la ruo-
ta gira, potendo quel punto della città
murata apparire quasi centro ideale
dell'Italia bella, in quella guisa che
l'onfalo di Delfo era fatto centro del
greco mondo. Come Dante congiunge
talora per similitudine del suo spirito atti,
una visione misteriosa immagine
franca d'un atto corporeo, così quel
l'incognito indefinito si raccoglierà
nel tremito delle mani occupate a trarre
pianamente di sotto il torchio il

13

fresco foglio che solo mancava alla perfezione dell'opera, mentre il socio zecchiere e gli astanti si facevano curve alle spalle dello maestro per leggere su l'ottima carta di Pale i caratteri intagliati coi punzoni alemanni.

L'Amor che muove il Sole e l'altre stelle.

Oggi, dopo più di quattro secoli, al verso del supremo fulgore succede nell'inclita formola che dice come giunta sotto lo stile dei Giunta Lorenzo Franceschini impresso il poema per adempiere il mandato di Leone Olschki. È invertito l'officio. Lo

14

stampatore è toscano, il promotore è tedesco ma per la vita deditissimo al Culto di Dante, libraio principe fra i più potenti di studio e di fortuna; che, ingentilito in Venezia come Vindelino, parve poi rinvenir la saviezza e la sagacità di Vespasiano da Bisticci sul soleggiato lungarno degli Acciaiuoli.

Di gran pondo è il volume, serrato nelle sue assicelle, nel suo corame e ne' suoi ferri, da porre in sul leggio come il salterio e l'altra Scrittura santa, o da custodire in un cofano simile a quello

che predarono i vincitori sotto la tenda di Dario, 15
nel quale il Macedone serbar volle il poema di quel Greco

Che le Muse lattâr più ch'altro mai.

E, poiché il dotto e animoso commentatore è d'insigne stirpe cortonese, penso che converrebbe riaccendervi dinanzi per memoria e per presagio, col più lieve olio di Lucchesia, la grande lampada etrusca di Cortona, quella bronzea d'iddii e di mostri girata intorno alla maschera fatale della Gorgone, ove s'avvicendano le mammelle e l'ala, il diadema e l'onda, la strage e la musica, la zampogna di Pane e la tibia di Pallade, la pantera balzante e il guizzante delfino, forma più carica di fecondità che non la guaina della Diana efesia. — 16

Ma mi sovviene dei quaderni sgualciti e sconnessi ch'io vidi un giorno in mano a un bestiaio della Maremma, opera d'un de' suoi ~~padri~~ vecchi selvaggio copiatore, più cari a lui che non fosse al duca d'Urbino il gran codice alluminato. E del ricordo m'appago.

Era la cantica dell'*Inferno*, trascritta forse con una sola penna come quell'Alcorano del Soldan circasso regnante in Egitto. ~~Al~~ bestiaio ~~[illegible]~~ veniva per retaggio della sua gente, ~~con la sella bene arrembata~~ ~~con la taccoraia manevole, con i cosciali di pelle di capra, con~~ ~~la~~ l'uncino di legno di corniolo ~~della bene [illegible]~~. Io aveva veduto l'uomo alla Vaccherecccia, in tempo di

17

merca, vedutolo afferrare per le due
corna la vitella già fiera e nascinata dal capoccia a
cavallo, abbatterla con una stratta, cader con
essa a terra e ricornarla, poi se-
dersi nel cavo fatto dalle zampe
impastoiate sotto la pancia palpitante, attendere
che venissero i marcatori co' lor ferri
roggi, alla bestia marcata intagliar col
coltello l'orecchia e gittar nel mucchio
pel novero il pezzo di cartilagine sanguinante.
L'incontrai dopo alcun giorno, nella
macchia, lontano dai mandrioli cimentosi, quando
il puzzo delle cuoia affocate e dello
sterco espulso dal terrore era vanito
coi fumi coi mugghi e coi gridi nel vento
di maggio. Stava sotto a una sughe-

ra il cui tronco, screziato di recente (18
mi pareva aver lo stesso colore del segno
che rimane tra il pelo annerito dalla
bruciatura del marchio. il qual colore
somiglia pur quel dei fittili che ornava di figure
geometriche il vasaio etrusco imitando
gli antichissimi nati avanti l'arte dell' Ellade. Così
l'uomo mi richiamava alla memoria
il lineamento del guerriero con la càsside, che
sovrasta a una tomba della necropoli di
Vulsinii. Così i puledri dal lungo crine e dall'alte
gambe intorno pascolanti mi rammentavano i cavalli
aggiogati ai carri nei giuochi funebri
in onore di Patroclo sul famoso vaso.
L'errore del tempo era abolito; e
le cose erano fatte d'eternità come
il cielo cavo; e la nuda vita era simile a

un'arte recòndita.

Nelle mani forzevoli, atte a incornare, impastoiare, mutilare, il bestiaio teneva i suoi quaderni come foglie e scorze. «Che leggi?» gli chiesi. «Il mio Dante» mi rispose. «Di grazia, leggi ad alta voce» pregai. Non si peritò.

Divinità del Canto! La selva selvaggia ed aspra e forte era d'intorno; e il vento mugghiava fra le tombe nascoste sotto il suolo, mulicando i forteti di Monteverro fertili di cignali, i Poggetti che ama la beccaccia, le Forane ove il bandito vuol morire, e di là da Tricosto le rupi di Ansedonia, e lungi la Via Aurelia, più lungi il Fiora di Vulci, la grandezza dei nomi che dilatano le solitudini, la tristezza del mare che ha un sol lido per piangervi un pianto senza fine. Quando la voce rude si tacque, sembrò che il coro aereo delle allodole rapisse l'ultima rima e la traesse oltre la bianca nuvola e mille volte la modulasse nei suoi motivi e di attimo in attimo più la inalzasse fino al culmine del giubilo e del fulgore. L'uomo guardava in alto attonito come se quella melodia salisse dai suoi quaderni e dai suoi precordii. Senz'aver letto la suprema cantica, egli conosceva in luce e in suono l'arte del Paradiso.

Non altrimenti è da conoscer tutto Dante. Il bettinio di Maremma me l'in-

segnò; che di me sapeva —
sotto la specie del canto
eterno, col medesimo orecchio prendendo
gioia dal trillo dell'allodola e dalla terra viva.
Non si gravava di chiose il suo sel-
vaggio codice, né egli domandò mai
ad alcuno che le oscurità gli fossero chiarite;
ma il suo petto lo indusse a
inchinare l'anima verso il poema sacro come «una musica
imperscrutabile».

Per ciò auguro che fra cinquan-
t'anni pel Centenario della Nazio-
ne costituita, affine il Libro sia offerto
agli Italiani nella sua nu-
dità come s'addice a creatura

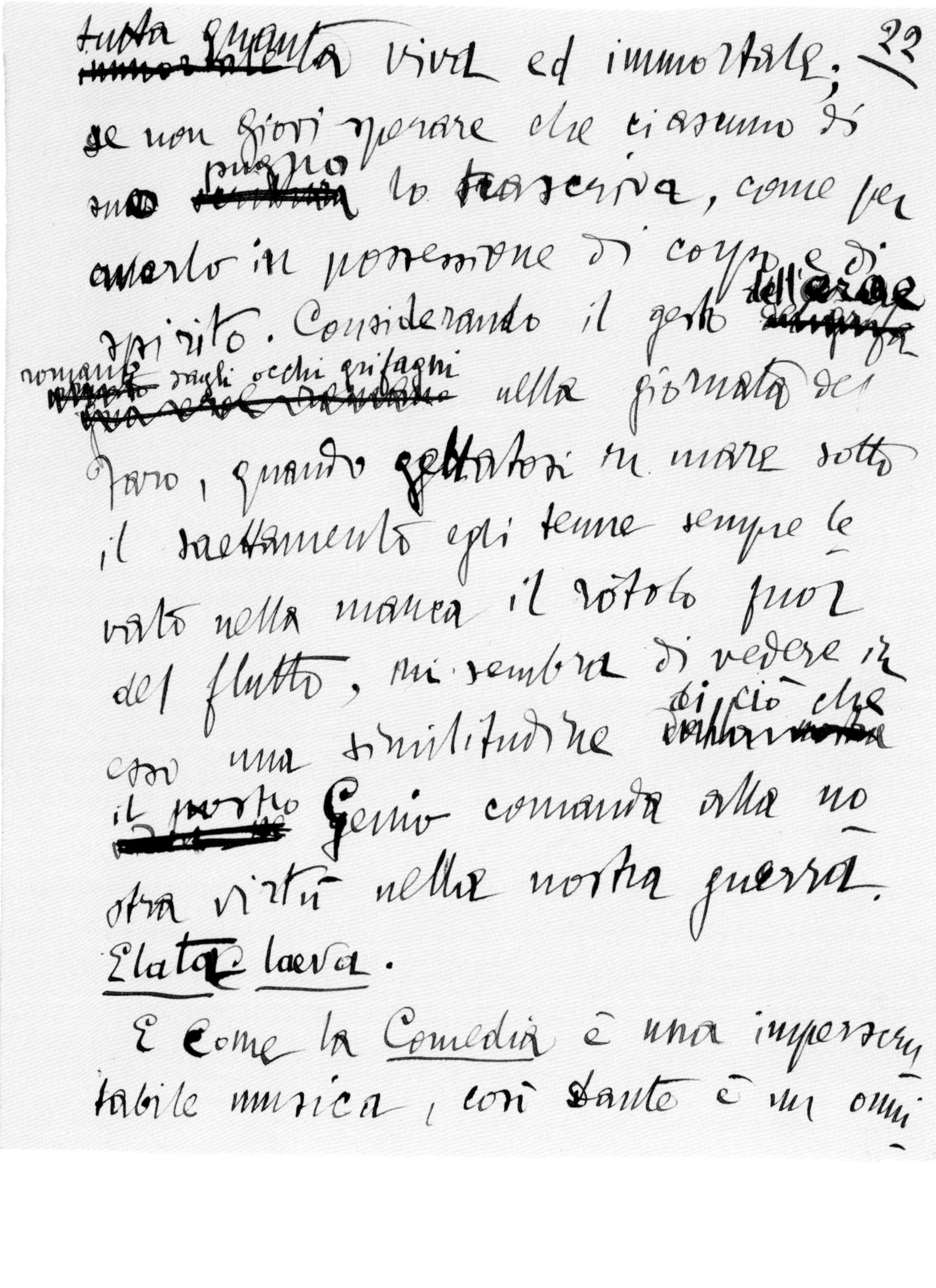

tutta quanta viva ed immortale; 22
se non giova sperare che ciascuno di
suo pugno lo trascriva, come per
averlo in possessione di corpo e di
spirito. Considerando il gesto dell'eroe
romano dagli occhi grifagni nella giornata del
Faro, quando gettatosi in mare sotto
il saettamento egli tenne sempre le-
vato nella manca il rotolo fuor
del flutto, mi sembra di vedere in
esso una similitudine di ciò che
il nostro Genio comanda alla no-
stra virtù nella nostra guerra.
Elata laeva.

E come la Comedia è una imperscru-
tabile musica, così Dante è un omni-

presente mito. Chi dunque s'attese che io qui componessi la sua biografia? Dell'averne avuto il pensiero e assunto l'obbligo io mi vergognerei, se l'uno e l'altro non avessi portato in me fino a oggi come affanno e cruccio e quasi rimorso invitto. Ha egli cessato di vivere e di apparire?

I più profondi iddii non sono quelli che creano la stirpe ma quelli che la stirpe crea. In tutto l'Occidente, anzi in tutta la Cristianità, non c'è creazione più durevole di quella che Dante compì su noi né più mistica di quella che noi compimmo

24

su Dante. Di tutto ciò che è terribile, di tutto ciò che è magnanimo, di tutto ciò che è sublime noi facemmo lo spirito dantesco, noi creammo il nume dantesco; il quale è come un interior fuoco di bellezza, accolto nell'imo della nostra natura, e non manifesto se non talora per subita vampa o per isterminato baleno. Si può dunque dire che questo libro sia il Libro del canone italico. Quando in un'opera d'arte o in un'opera di vita batte il suo ritmo, si può dire che quivi compitamente si rilievi o si stampi il più severo carattere della nostra potenza.

25

Quella figura è dantesca, quell'azione è dantesca. Anche i luoghi se ne risentono, come trattati dal pittore o dallo scultore invisibile. Quella piaggia, quella rupe, quella palude sono dantesche.

Nacque egli da un Aligliero di Bellincione degli Alighieri e da una donna Bella, in una casetta posta su la piazza dietro a San Martino del Vescovo, presso la Badia? Ma se io salgo alla Chiesa superiore d'Assisi in un mattino di maggio e odo per le mura cantare l'anima umana nella gloria del cielo approssimato, sento che quivi egli nacque ed abita. Se entro nella Cappella Sistina e guardo quella sovrumana volta che è come il portale del Dato occluso dalla dal dolore e dall'attesa forza d'una moltitudine eroica, sente che quivi egli nacque ed abita. Amò egli Beatrice di messer Folco di Ricovero dei Portinari? Mise la man cruda ne' capegli della «bella pietra» a saziarsene? Si piacque d'una Gentucca? Ma se leggo tal parola della *Vita nuova*, tal verso della *Comedia*, sento ch'egli ha tenuto con le sue braccia scarne l'Amore svegliato dalla lampada di Psiche e gli ha ~~[illegible]~~ ridato il sogno col suo canto. Fu egli buon feditore? Combatté egli a cavallo nel piano di Campaldino contro i Ghibellini di Toscana e di Romagna? Fu a oste contro Caprona con la cavallata della Taglia guelfa? Ma nessuno meglio di lui sa l'orrore della morte sanguinosa

, il sangue che gorgoglia nella gola forata, la vista che vacilla e si spegne, il gelo del corpo voltolato dalla rapina delle acque. Ma l'Aquila romana non volò mondo con un rombo così veloce e così vasto come vola nelle sedici terzine del cielo di Mercurio.

Da indi scese folgorando a Iuba;
poi si rivolse nel vostro occidente,
dove sentia la pompeiana tuba.

Il tuono della guerra echeggia in questi versi immensi, da continente a continente. Le vie della terra risuonano sotto la ferrata celerità cesarea. E fu egli preposto dal Magistrato fiorentino al raddrizzamento della viuzza di San Procolo, insieme con Ser Guglielmo della Piacentina notaio? Una sola data è veramente da ritenere e da benedire, quella del bando: addì ventisette di gennaio dell'anno mille trecento due. Il Priore compagno d'un Noffo di Guido Bonafedi e d'un Bindo di Donato Bilenchi, il continuare accomunato con un Lippo Becchi e con un Orlanduccio Orlandi, il fuoruscito bianco per le vie dell'esilio entra nel suo vero mondo e nella sua vita vera, si accinge a compiere il suo destino eroico sotto la specie dell'Eternità. Che importa s'egli sia della ragunata di San Godenzo, s'egli erri da Verona a Padova, da Padova in Lunigiana, di Luni-

girava in Romagna? E che son mai per lui il Comune guelfo nero, lo Scaligero, il Malatestino, l'Ordelaffi? Vide egli Arrigo VII in Milano e inchinò la maestà imperiale? Ma egli fa sì che l'ideal tipo dell'Imperatore, senza nome e senza volto, splenda per sempre nella nostra immaginazione sotto un ondeggiamento innumerevole di vessilli.

Intorno a lui parea calcato e pieno
di cavalieri, e l'aquile nell'oro
sovr'esso in vista al vento si movieno.

È Traiano? È Arrigo di Lussemburgo? È l'Imperatore. O mai di tutto

~~[illegible]~~ egli tocca il fondo, egli esprime l'essenza. Quel ch'egli guarda, gli appartiene in perpetuo. Secondo la parola del mistico, il suo occhio e ciò ~~che~~ ch'esso vede sono una cosa sola.

Il più ~~profondo~~ acuto e intento ~~degli occhi (?)~~ occhio umano quello che vide apparire la città rossa di Dite, Filippo Argenti ~~tendere le braccia (?)~~ abbrancare il legno di Flegiàs, gli avelli scoperchiati ardere, Farinata drizzarsi, il padre di Guido ricader supino, Chirone scoprirsi con lo strale la gran bocca, sanguinare lo sterpo di Pier della Vigna, le nere cagne dilacerare Lano e Jacopo, Vanni Fucci squadrar le fiche a Dio, la fiamma cornuta d'Ulisse e di Diomede crol-

lassi mormorando, Oderisi torcersi — 31
sotto il peso del sasso, i compagni
di Sapìa dalle palpebre cucite sorreggersi
a vicenda con la spalla come i ciechi
mendicanti alla porta delle chiese levan-
do il mento in su. Il più profondo è
immoto occhio umano quello che sostenne
la vista della nuova unica gurge, della can-
dida rosa, tanta moltitudine
volante, e dell'Ultima Salute.

Chi avrebbe potuto fissarlo? Quale de-
gli antichi artefici avrebbe saputo ri-
trarlo? E dove cercheremo noi la sembian-
za di quegli che sbigottì le donne di
Verona? Nella Cappella di Santa Ma-
ria Maddalena al Palagio del Podestà?
nella Cappella degli Strozzi in Santa Maria Novella?

sul muro di Santa Maria in Porto 32
fuor di Ravenna? nel disegno del codice
palatino? nella tavola di Domenico di
Michelino? nella miniatura del mano-
scritto riccardiano? Ma anche il suo
volto è mitico, scolpito dalla necessità del
suo proprio spirito e dalla necessità della no-
stra fede. L'occhio è grande perché
aggrandito dalla sua natura vorace e dalla visione continua, cavo
e cerchiato d'ombra perché vive da sé,
vive in sé, come qualcosa che s'apra
solitaria al sommo dell'anima e non abbia
attenenza alcuna con gli altri sensi
carnali. Il naso è aquilino come quello che per indi-
(il gentil legnaggio), la maschia alterezza e una ruga
la forza imperiosa;
la segna alla radice
perché

il pensiero la incise e la profondarono i crucci.
Grande è la mascella e robusta perché
rilevato sia il lineamento dell'osso
che la natura destina a prendere e
a stritolare quel che gli istinti ha eletto. Proteso e appuntato è il
mento perché abbia la forma ferrea
del conio che penetra e fende
il tronco più duro. La bocca è come
un versame ermetico, suggellata
(inclusa in due solchi, quasi difesa da due fossi)
sul gran fuoco interiore, ma dal labbro
di sotto è quel di sopra avanzato
perché contro il sopruso e l'oltraggio
persista il segno del dispre-
gio immutabilmente. Un che di
sacerdotale e di regale assume della

34

benda la fronte. Bendate sono anche le gote a quel modo che il sudario le fascia ai sepolti, perché tutta la figura abbia un che del resuscitato Lazaro, un che dell'uomo sollevato dal miracolo sopra l'ombra della morte.

✳ Il giorno dopo quello dell'Assunzione, „sol calando". — 1911, agosto.

Gabriele d'Annunzio

INDICE DEI NOMI*

* I personaggi storici, danteschi e italianizzati sono indicizzati sotto il nome proprio. Non si registrano le ricorrenze di Dante Alighieri, Gabriele d'Annunzio, Leo Samuel Olschki, Giuseppe Lando Passerini, data l'alta frequenza.

FINITO DI STAMPARE
PER CONTO DI LEO S. OLSCHKI EDITORE
PRESSO ABC TIPOGRAFIA • CALENZANO (FI)
NEL MESE DI OTTOBRE 2019

BIBLIOTECA DI BIBLIOGRAFIA

Diretta da Edoardo Barbieri

1. Frati C., *I codici danteschi della Biblioteca Universitaria di Bologna*. 1923, VIII-184 pp. con 2 cc. e 14 facsimili. Esaurito

2. Fermi S., *Bibliografia delle lettere a stampa di Pietro Giordani*. 1923, 60 pp.

3. Ageno F., *Librorum saec. XI impressorum qui in Bibliotheca Universitatis studiorum Sassarensis adservantur catalogus*. 1923, 48 pp.

4. Bustico G., *Bibliografia di Vincenzo Monti*. 1924, VIII-218 pp. e 1 c. Esaurito

5. Pastorello E., *Tipografi, editori, librai a Venezia nel sec. XVI*. 1924, X-104 pp. Esaurito

6. Bustico G., *Bibliografia di Vittorio Alfieri*. 1927, VIII-260 pp. e 2 cc. Esaurito

7. Fava D., *Catalogo degli incunabuli della Biblioteca Estense di Modena*. 1928, VIII-334 pp. Esaurito

8. Sorbelli A., *Opuscoli, stampe alla macchia e fogli volanti riflettenti il pensiero politico italiano (18301835)*. 1927, LXXXVIII-272 pp. e 1 c. Esaurito

9. Bustico G., *Bibliografia di Giuseppe Parini*. 1929, VIII-180 pp. Ristampa 2001.

10. Gabrieli G., *Manoscritti e carte orientali nelle biblioteche e negli archivi d'Italia*. 1930, X-92 pp. con 4 tavv. f.t.

11. Mazzatinti G.-Menghini M.-Natali G., *Bibliografia leopardiana. Parte I (fino al 1898)*. 1932, XIV-414 pp. e 13 tavv. f.t. Ristampa 1996.

12. Mazzatinti G.-Menghini M.-Natali G., *Bibliografia leopardiana. Parte II (1898-1930)*. 1932, VIII-304 pp. Ristampa 1996.

13. Frati C., *Dizionario bio-biografico dei bibliotecari e bibliografi italiani dal sec. XIV al XIX*, raccolto e pubblicato da A. Sorbelli. 1934, VIII-708 pp. Ristampa 1999.

14. Fumagalli G., *Bibliografia Rodia*. 1937, XVIII-250 pp. e 6 ill. Ristampa 2003.

15. Evola N. D., *Ricerche storiche sulla tipografia siciliana*. 1940, 255 pp. con 53 ill. Esaurito

16. Fumagalli G., *Vocabolario bibliografico*. 1940, VIII-450 pp. Ristampa 1999.

17. Armao E., *Vincenzo Coronelli. Cenni sull'uomo e la sua vita*. 1944, 328 pp. e 8 tavv. Esaurito

18. Sartori C., *Bibliografia delle opere musicali stampate da Ottaviano Petrucci*. 1948, 220 pp. Ristampa 2001.

19. Vallone A., *Gli studi danteschi dal 1940 al 1949*. 1950, XVI-144 pp. Esaurito

20. Pinto O., *Le bibliografie nazionali*. 2ª edizione aggiornata 1951, 96 pp. Ristampa 1969.

21. Rotondi C., *Bibliografia dei periodici toscani. Vol. I (1847-1852)*. 1952, 96 pp. con 2 tavv. f.t.

22. Lopes Pegna M., *Saggio di bibliografia etrusca*. 1953, 90 pp. Esaurito

23. Sartori C., *Bibliografia della musica strumentale italiana stampata in Italia fino al 1700*. Vol. I. 1952, XXIV-652 pp. Rilegato. Ristampa 2001.

24. Crocioni G., *Bibliografia delle tradizioni popolari marchigiane*. 1953, 222 pp. Esaurito

25. Baroncelli U., *Catalogo degli incunaboli della Biblioteca Ugo da Como di Lonato*. 1953, 176 pp. con 15 tavv. f.t. Esaurito

26. Natali G.-Musumarra C., *Bibliografia leopardiana. Parte III (1931-1951)*. 1953, 312 pp. Ristampa 1996.

27. Mambelli G., *Gli annali delle edizioni virgiliane*. 1954, 396 pp. Esaurito

28. Russo F., *Bibliografia gioachimita*. 1954, 212 pp. con 4 ill. Esaurito

29. Ageno F., *Librorum saec. XV impressorum qui in publica Ticinensi Bibliotheca adservantur catalogus*.Cura et studio T. Gasparrini Leporace absolutus atque tabulis locupletatus. 1954, 472 pp.

30. Pastorello E., *L'epistolario manuziano. Inventario cronologico-analitico (1485-1597)*. 1957. 350 pp.

31. Ferrara M., *Bibliografia savonaroliana. Bibliografia ragionata degli scritti editi dal principio del sec. XIX ad oggi*. 1958, 224 pp. Esaurito

32. Sartori C., *Dizionario degli editori musicali italiani (tipografi, incisori, librai-editori)*. 1958, 218 pp. con 8 tavv. f.t. Esaurito

33. Piloni L., *Bibliografia della posta e filatelia italiane*. 1959, 396 pp. con 16 tavv. f.t. Esaurito

34. Manna A. M., *La raccolta dantesca della Biblioteca Universitaria di Napoli*. 1959, 2 voll., 582 pp. complessive.

35. Prete S., *I codici della Biblioteca Comunale di Fermo. Catalogo*. 1960, XVI-196 pp.con 11 tavv. f.t. Esaurito

36. Rotondi C., *Bibliografia dei periodici toscani. Vol. II (1852-1864)*. 1960, 160 pp. con 6 tavv. f.t.

37. Pastorello E., *Inedita manutiana (1502-1597). Appendice all'Inventario*. 1960, VIII-588 pp.

38. Zaccaria G., Catalogo degli incunaboli della Biblioteca Comunale di Assisi. 1961, 116 pp. con 8 tavv. f.t.

39. Dona M., *La stampa musicale a Milano fino al l'anno 1700*. 1961, X-170 pp. con 8 tavv. f.t.

40. Marchini L., *Catalogo degli incunaboli della Biblioteca Civica Berio di Genova*. 1962, 124 pp. con 9 tavv. f.t. Esaurito

41. Rhodes D. E., *La stampa a Viterbo. «1488» 1800*. 1963, 224 pp. con 9 tavv. f.t.

42. Westbury,R.(Lord), *Handlist of Italian Cookery Books*. 1963, XXIV-240 pp. con ill.

43. Tortoreto A., *Bibliografia analitica leopardiana. Parte IV. (1952-1960)*. 1963, XII-96 pp.

44. Rafanelli S., *Catalogo degli incunaboli delle biblioteche pistoiesi*. 1963, XXIV-84 pp. con 8 tavv. f.t.

45. Camerani S., *Bibliografia medicea*. 1964, 172 pp.

46. Saginati L.-Calcagno C., *La collezione dantesca della Biblioteca Civica Berio di Genova*. Presentazione di G. Piersantelli. 1966, XII-508 pp. con 19 tavv. f.t.

47. Arnese R., *I codici notati della Biblioteca Nazionale di Napoli*, 1967, IV-260 pp. con 33 tavv. f.t. e 1 polic. Rilegato.

48. Vianello N., *La tipografa di Alvisopoli e gli annali delle sue pubblicazioni*. 1967, VIII-252 pp. con 18 tavv. f.t.

49. Moranti L., *L'arte tipografica in Urbino (1493-1800)*. 1967, XVI 372 pp. con 18 tavv. f.t.

50. *Studi bibliografici*. Atti del Convegno dedicato alla storia del libro italiano nel V Centenario dell'introduzione dell'arte tipografica in Italia. Bolzano, 7-8 ottobre 1965, VIII-242 pp. con 137 ill. Rilegato.

51. Balsamo L., *La stampa in Sardegna nei secoli XV e XVI*. 1967, XVI-196 pp. con 30 tavv. f.t.

52. Clubb L. G., *Italian Plays in the Folger Library*. 1968, XLVIII-266 pp. con 12 tavv. f.t.

53. Manzi P., *Annali della Stamperia Stigliola a Porta Reale in Napoli (1593-1606)*. 1968, XVI-100 pp. con 34 ill. in 27 tavv. f.t.

54. Pesante S., *Catalogo degli incunaboli della Biblioteca civica di Trieste*. 1968, XVI-84 pp.

55. Tinto A., *Gli annali tipografici di Eucario e Marcello Silber. (1501-1572)*. 1968, VIII-220 pp. con 46 tavv. f.t.

56. Sartori C., *Bibliografia della musica strumentale italiana stampata in Italia fino al 1700*. Vol.II. 1968, XII-264 pp.

57. *Contributi alla storia del libro italiano. Miscellanea in onore di Lamberto Donati*. 1969, XXIV-374 pp. con 80 ill.

58. Manzi P., *Annali di Giovanni Sultzbach*. 1970, X-142 pp. con 36 ill. f.t.

59. Michel S. et P. H., *Répertoire des ouvrages imprimés en langue italienne au XVII siécle*. 1970, XLVI474 pp. con 18 tavv. f.t.

60. Toschi P., *Bibliografia degli ex-voto italiani*. 1970, VI-78 pp.

61. Pinto O., *Nuptialia. Saggio di bibliografia delle edizioni per nozze dal 1484 al 1799*. 1971, con 93 tavv. f.t.

62. Manzi P., *La tipografia napoletana nel '500. Annali di S. Mayr, G. A. De Caneto, A. de Frizis, G. Pasquet De Sallo (15031535)*. 1971, 290 pp. XXVI-452 pp. con 19 tavv. f.t.

63. *Bibliografia dell'età del Risorgimento in onore di A. M. Ghisalberti*. Vol. I. 1971, XXXVI-760 pp. con 1 tav. f.t.

64. Rotondi C., *Bibliografia dei periodici toscani*. Vol. III (1864-1871). 1972, XII-192 pp. con 14 tavv. f.t.

65. Manzi P., *La tipografia napoletana nel '500. Annali di M. Cancer ed eredi (1529-1595)*. 1972, 256 pp. con 44 tavv. f.t.

66. *Bibliografia dell'età del Risorgimento in onore di A. M. Ghisalberti*. Vol. II. 1972, 704 pp.

67. Esposito E., *Annali di Antonio De Rossi stampatore in Roma (1965-1755)*. 1972, XXXII-648 pp. con 43 tavv. f.t.

68. *Catalogo della Biblioteca del Conservatorio Giuseppe Verdi di Milano* diretto da G. Barblan. *Fondi speciali I. Musiche della Cappella di Santa Barbara in Mantova*. 1972, XLIV-530 pp. con 2 tavv. a colori.

69. Donati L., *Bibliografia della miniatura*. 1972, 2 voll. di X-1214 pp. complessive.

70. Manzi P., *La tipografia napoletana nel '500. Annali di G. P. Suganappo-R. Amato-G. De Boy-G. M. Scotto (1533-1570)*. 1973, 276 pp. con 70 tavv. f.t.

71. *Studi offerti a Roberto Ridolfi direttore de «La Bibliofilia»* a cura di B. Maracchi Biagiarelli e D. E. Rhodes. 1973, X-462 pp. con 81 ill.

72. Tortoreto A.-Rotondi C., *Bibliografia analitica leopardiana (1961-1970)*. A cura del Centro naz. di studi leopardiani in Recanati. 1973, 224 pp.

73. Manzi P., *La tipografia napoletana nel '500. Annali di O. Salviani (1566-1594)*. 1974, 244 pp. con 48 tavv. f.t.

74. Zolli P., *Bibliografia dei dizionari specializzati italiani del XIX secolo*. 1973, 152 pp.

75. Lattanzi A., *Bibliografia della Massoneria italiana e di Cagliostro*. 1974, XVI-456 pp. 15 ill.

76. Pine-Coffin S., *Bibliography of British and American Travel in Italy to 1860*. 1974, IV-376 pp. con 20 tavv. f.t.

77. Manzi P., *La tipografa napoletana nel '500. Annali di G. Cacchi, G. Battista Cappelli e tipografi minori (1566-1600)*. 1974, 264 pp. con 48 tavv. f.t.

78. *Bibliografia dell'età del Risorgimento in onore di A. M. Ghisalberti*. Vol. III. 1974, 560 pp.

79. Manzi P., *La tipografa napoletana nel '500. Annali di G. G. Carlino e di T. Longo (1593-1620)*. 1975, 384 pp. con 51 tavv. f.t.

80. Moranti L., *Le cinquecentine della Biblioteca Universitaria di Urbino*. 1977, 3voll. di complessive XXXII-1606 pp.

81. *Bibliografia dell'età del Risorgimento in onore di A. M. Ghisalberti*. Vol. IV, Indici. 1977, XX-268pp.

82. Rhodes D. E., *Annali tipografici di Lazzaro de' Soardi*. 1978, 92 pp. con 21 ill. f.t.

83. Paoli M., *I corali della Biblioteca Statale di Lucca*. 1977, 144 pp. con 48 tavv. f.t. di cui 12 a colori.

84. Rossetto S.-Cavaliere L., *Catalogo dei periodici della Biblioteca Universitaria di Padova*. 1978, 404 pp.

85. *Bibliografia delle edizioni giuridiche antiche in lingua italiana*. Vol. I, tomo I: *Testi statutari e dottrinali dal 1470 al 1700. Bibliografia cronologica*. 1978, LXVI-606 pp.

— — Vol. I, tomo II: *Indici alfabetici* 1978, VIII-572 pp.

86. *Miscellanea di studi in memoria di Anna Saitta Revignas*. 1978, IV-348 pp. con 130 ill. f.t.

87. Michel S., *Répertoire des ouvrages imprimés en langue italienne au XVIIe siéle*, tomo II, 1979, VIII-488 pp. con 10 ill. f.t.

88. Romano G., *Bibliografia italo-ebraica (1848-1977)*. 1979, 212 pp.

89. Mitchell B., *Italian Civic Pageantry in the High Renaissance. A descriptive bibliography of triumphal entries and selected other festivals for state occasions (1494-1550)*. 1979, 188 pp.

90. Rogledi Manni T., *La tipografia a Milano nel '400*. 1980, 288 pp. con 32 ill. f.t.

91. *Bibliografia filosofica italiana (1977)*. 1980, 248 pp.

92. Ramelli A., *Catalogo degli incunaboli della Biblioteca Cantonale di Lugano*. 1981, 132 pp. con 16 ill. f.t.

93. *Bibliografia filosofica italiana (1978)*. 1981, 212 pp.

94. *Catalogo dei periodici della Biblioteca Basso*. 1981, 424 pp.

95. *Bibliografia filosofica italiana (1979)*. 1981, 188 pp.

96. Bonifacio A., *Catalogo degli incunabuli della Biblioteca Universitaria di Messina*. 1982, 176 pp.

97. *Bibliografia filosofica italiana (1980)*. 1982, 208 pp.

98. Vaccaro E., *Le marche dei tipografi ed editori italiani del secolo XVI nella Biblioteca Angelica di Roma*. 1983, 416 pp.

99. *Bibliografia filosofica italiana (1981)*. 1983, 224 pp.

100. Bregoli Russo M., *Renaissance Italian Theater. Joseph Regenstein Library of the University of Chicago*. 1984, XVI-220 pp. con 56 ill. f.t.

101. *Bibliografia filosofica italiana (1982)*. 1984, 222 pp.

102. *Bibliotheca magica dei fondi a stampa della Biblioteca Casanatense di Roma (secc. XV-XVIII)*. 1985, XXIV-228 pp. con 140 figg. f.t.

103. Curi Nicolardi S., *Una società tipografico-editoriale del sec. XVI a Venezia. Melchiorre Sessa e Pietro di Ravani (1516-1525)*. 1984, 100 pp. con 28 tavv. f.t.

104. *Bibliografia filosofica italiana (1983)*. 1985, 204 pp.

105. *Bibliografia italiana di storia della scienza I (1982)*. 1985, XVI-164 pp.

106. Carini E., *Bibliografia analitica leopardiana (1971-1980)*. A cura del Centro nazionale di studi leopardiani in Recanati. 1985, 216 pp.

107. Veneziani P., *La tipografia a Brescia nel XV secolo*. 1986, 152 pp. con 20 figg. f.t.

108. *Bibliografia italiana di storia della scienza II (1983)*. 1986, 200 p.

109. *Bibliografia filosofica italiana (1984)*. 1986, 224 pp.

110. *Bibliografia filosofica italiana (1985)*. 1987, 216 pp.

111. *Bibliografia italiana di storia della scienza III (1984)*. 1987, 188 pp.

112. *Bibliografia filosofica italiana (1986)*. 1988, 236 pp.

113. Rhodes D. E., *Gli annali tipografici fiorentini del XV secolo*. 1988, 152 pp. con 32 tavv. f.t.

114. Rossetto S., *La Stampa a Treviso. Annali di Giulio Trento (1760-1844)*. 1989, 148 pp. con 6 figg. f.t.

115. Ganda., *Niccolò Gorgonzola. Editore e libraio in Milano (1496-1536)*. 1988, 236 pp. con 31 tavv. f.t.

116. Ascarelli F.-Menato M., *La tipografia del Cinquecento in Italia*. 1989, 500 pp. con 54 ill. f.t.

117. *Bibliografia filosofica italiana (1987)*. 1989, 244 pp.

118. *Bibliografia italiana di storia della scienza IV (1985)*. 1989, 244 pp.

119. *Catalogo collettivo dei periodici dell'Univer-sità degli Studi di Udine*. 1989, XXIV-468 pp. con 1 ill. f.t.

120. *Bibliografia filosofica italiana (1988)*. 1990, 212 pp.

121. *Bibliografia filosofica italiana (1989)*. 1991, 216 pp.

122. *Bibliografia italiana di storia della scienza V (1986)*. 1990, 176 pp.

123. Kallendorf C., *A Bibliography of Venetian Editions of Virgil (1470-1599)*. 1991, 204 pp. con 10 tavv. f.t.

124. Bruni R. L.-Campioni R.-Zancani D., *Giulio Cesare Croce dall'Emilia all'Inghilterra. Cataloghi, Biblioteche e Testi*. 1991, 356 pp. con 16 tavv. f.t.

125. Petrucci Nardelli F., *La lettera e l'immagine. Le iniziali «parlanti» nella tipografa italiana (sec. XVI-XVIIV)*. 1991, 156 pp. con 2 tavv. f.t. a colori e 54 ill. n.t.

126. Mischiati O., *Bibliografia delle opere dei musicisti bresciani pubblicate a stampa dal 1497 al 1740*. Opere di singoli autori. Tomo I e II. A cura di M. Sala ed E. Meli. 1992, pp. XXII-912 con 111 ill. n.t.

127. *Bibliografia filosofica italiana (1990)*. 1992, 216 pp.

128. *Bibliografia italiana di storia della scienza VI (1987)*. 1991, 192 pp.

129. *Bibliografia filosofica italiana (1991)*. 1993, 244 pp.

130. *Bibliografia italiana di storia della scienza. VII (1988)*. 1993, 196 pp.

131. *Bibliografia delle edizioni giuridiche antiche in lingua italiana*. Vol. II, *Testi statutari e dottrinali dal 1701 al 1800. Bibliografia cronologica*. 3 tomi, 1993, LX-1412 pp. complessive.

132. *Bibliografia delle edizioni giuridiche antiche in lingua italiana*. Vol. III, *Indici alfabetici*. 3 tomi, 1993, XL-VIII-1400 pp. complessive.

133. Rossetto S., *Due secoli di stampa a Belluno e Feltre (XVII-XVIII)*. 1994, 116 pp. con 11 ill. f.t.

134. *Bibliografia italiana di storia della scienza. VIII (1989)*. 1993, 204 pp.

135. *Bibliografia filosofica italiana (1992)*. 1994, 263 pp.

136. Kallendorf C., *A Bibliography of Renaissance Italian Translations of Virgil*. 1994, 114 pp. con 20 tavv. f.t.

137. Bibliografia italiana di storia della scienza IX-X (1990-91). 1994, 348 pp.

138. *Bibliografia filosofica italiana (1993)*. 1995, 220 pp.

139. *Bibliografia italiana di storia della scienza XI (1992). Addenda (1982-91)*. 1995, XVI-260 pp.

140. *Bibliografia filosofica italiana (1994)*. 1996, 224 pp.

141. Woodward D., *Catalogue of watermarks in Italian printed maps ca 1540-1600*. 1996, 206 pp. con 335 ill. e 335 grafici.

142. *Bononia Manifesta. Bandi, editti, costituzioni e provvedimenti diversi stampati nel XVI secolo per Bologna e il suo territorio*. Catalogo a cura di Z. Zanardi. 1996, XXXIV-572 pp. con 65 ill. n.t.

143. Maira Niri M., *La tipografia a Genova e in Liguria nel XVII secolo*. 1998, XXXII-690 pp. con 45 tavv. f.t.

144. Bruni R.L.-Evans D.W., *Italian 17th-century books in Cambridge Libraries. A short-title catalogue*. 1997, 592 pp.

145. *Bibliografia italiana di storia della scienza XIIXIII (1993-94)*.1996,362 pp.

146. *Bibliografia filosofica italiana (1995)*. 1996, 222 pp.

147. Gregoratti F., *Bibliografia delle opere a stampa su Francesco Petrarca nella Biblioteca Civica «Attilio Hortis» di Trieste*. 1996, 192 pp.

148. *Libri, tipografi, biblioteche. Ricerche storiche dedicate a Luigi Balsamo*. 1997, 2 tomi di XVIII-702 pp. complessive con 8 tavv. f.t. e 11 ill. n.t.

149. Coleman W. E., *Watermarks in the Manuscripts of Boccaccio's Il Teseida. A Catalogue, Codicological Study and Album*. 1997, 208 pp. con 137 ill. n.t.

150. Gianesini R., *I Proclami Napoleonici 1797 della Biblioteca Civica V. Joppi di Udine*. 1997, 234 pp. con 31 ill. n.t.

151. *Bibliografia filosofica italiana (1996)*. 1998, 240 pp.

152. *Catalogo della Biblioteca dell'Università Popolare di Firenze*. 1998, 2 tomi di XCIV-844 pp. complessive con 69 ill. n.t.

153. *Bibliografia analitica Leopardiana (1981-1986)*. 1998, 222 pp.

154. *Bibliografia italiana di storia della Scienza XVXVI (1995-96)*. 1998, 476 pp.

155. *Bibliografia filosofica italiana (1997)*. 1999, 228 pp.

156. Gianesini R., *I Proclami Veneziani della Biblioteca Civica V. Joppi di Udine*. Catalogo e studio del fondo l'iconografia del leone di S. Marco. 1999, 444 pp. con 68 ill. n.t.

157. Rossetti S., *Rome. A Bibliography from the Invention of Printing Through 1899. I. The Guide Books*. 2000, XXXII-276 pp. con 29 tavv. f.t.

158. Tamalio R., *La memoria dei Gonzaga. Repertorio bibliografico gonzaghesco*. 1473-1999. 1999, XVIII-304 pp.

159. *Bibliotheca Franciscana. Gli incunaboli e le cinquecentine dei Frati Minori dell'Emilia-Romagna conservate presso il Convento dell'Osservanza di Bologna*. A cura di Z. Zanardi. 1999, XXXVI-272 pp. con 32 tavv. f.t. a colori e 40 in b.n.

160. *Bibliografia filosofica italiana (1998)*. 2000, 260 pp.

161. Giambonini F., *Bibliografia delle opere a stampa di Giambattista Marino*. 2000, 2 tomi di IV-924 pp.

162. *La Bibbia edizioni del XVI secolo*. A cura di A. Lumini. 2000, XLII-328 pp. con 24 ill. e 8 tavv. a colori f.t.

163. Accorti M., *Le api di carta. Bibliografia della letteratura italiana sull'ape e sul miele*. 2000, XLVI-284 pp.

164. *Giordano Bruno, 1548-1600*. Mostra storico documentaria. 2000, CXLVI-234 pp. con 156 figg. n.t. e 12 tavv. f.t. a colori.

165. Gianesini R., *I Proclami Veneziani della Biblioteca Civica V. Joppi di Udine. Evoluzione delle procedure di pubblicazione, i formulari per la compilazione delle fedi*. 2000, 462 pp. con 113 ill. n.t.

166. *L'Università italiana. Repertorio di atti e provvedimenti ufficiali (1859-1914)*. A cura di I. Porciani. 2001, XVIII-672 pp.

167. *Bibliografia filosofica italiana (1999)*. 2001, 242 pp.

168. Guarducci G., Annali dei Marescotti. Tipografi Editori di Firenze (1563-1613). 2001, XLIV-194 pp. con 20 tavv. f.t.

169. Rossetti S., *Rome. A Bibliography from the Invention of Printing through 1899. II. A-G*. 2001, XIV-510 pp. con 40 tavv. f.t.

170. Boffito G., *Biblioteca aeronautica italiana illustrata. Precede uno studio sull'aeronautica nella letteratura, nell'arte e nel folklore*. 1929, CXVI-546 pp. Ristampa 2002.

171. Boffito G., *Biblioteca aeronautica italiana illustrata. Primo supplemento decennale (1927-1936). Con aggiunte all'intera «Biblioteca» e appendice sui manifesti aeronautici del Museo Caproni in Milano descritti da Paolo Arrigoni*. 1937, VIII-680 pp. Ristampa 2002.

172. *L'Università italiana. Bibliografia (1848-1914)*. A cura di I. Porciani e M. Moretti. 2002, X-220pp.

173. Del Silenzio R., *Bibliografia delle opere dei musicisti bresciani pubblicate a stampa nei secoli XVI e XVII*. Opere in antologie. Tomo I, II e III. 2002, XVIII-1574 pp. con 178 ill. n.t.

174. *Vincenzio Borghini. Filologia e invenzione nella Firenze di Cosimo I*. A cura di G. Belloni e R. Drusi. 2002, XXX-436 pp. con 32 tavv. f.t.

175. *Bibliografia filosofica italiana (2000)*. 2002, 226 pp.

176. *Bibliografia dell'età del Risorgimento. 1970-2001*. 2005, 4 tomi di complessive XXX-2158 pp.

177. Gianesini R., *Le stampe ad lites della Biblioteca Civica V. Joppi di Udine. Scritture di parte, allegazioni, summari, aggionte nel diritto processuale civile veneto*. 2003, 230 pp. con 49 ill. f.t.

178. Casalena M.P., *Scritti storici di donne italiane. Bibliografia 1800-1945*. 2003, XCVIII-406 pp. con 8 ill. n.t.

179. *Bibliografia filosofica italiana (2001)*. 2003, 262 pp.

180. Rossetti S., *Rome. A Biography from the Invention of Printing Through 1899. III. H-Z*. 2004, VIII534 pp. con 32 tavv. f.t.

181. Rossetti S., *Rome. A Bibliography from the Invention of Printing Through 1899. IV. Indices*. 2004, IV-238 pp.

182. Lazzeri G., *Bibliografia aeronautica italiana (1937-2000)*. 2004, XXXIV-576 pp.

183. Marcozzi L., *Bibliografia petrarchesca (1989-2003)*. 2005, XXXVI-210 pp.

184. Gianesini R., *Lettere, Ordini e Mandati della Biblioteca Civica V. Joppi. Lettere pubbliche integrative o confermative di norme. Ducali abrogative di Lettere. Capitoli, Regole, Ordini riformati e Ristretto di ordini. Il Mandato per* intimatione. 2005, 184 pp. con 35 ill. f.t.

185. *Le collezioni del Museo Petrarchesco Piccolomineo nella biblioteca "A. Hortis" di Trieste*. A cura di A. Siru-

go. 2006, 250 pp. con 3 figg. n.t. in b.n., 59 figg. f.t. in b.n. e 8 tavv. f.t. a colori.

186. Balsamo L., *Antonio Possevino S.I. bibliografo della Controriforma e diffusione della sua opera in area Anglicana*. 2006, 228 pp. con 6 figure n.t., 1 tavv. f.t. a colori e 13 tavv. f.t. in b.n.

187. Cantamessa L., *Astrologia. Opere a stampa (1472-1900)*. 2007, 2 tomi di complessive XXX-1108 pp. con 66 figg. n.t. in b.n. e 8 tavv. f.t. a colori.

188. Petrucci Nardelli F., *Legatura e scrittura. Testi celati, messaggi velati, annunci palesi*. 2007, X-208 pp. con 82 figg. n.t. a colori.

189. Cantele G.-Sbiroli R., *Roberto Ridolfi. Bibliografia*. 2010, XXXVIII-290 pp. con 5 figg. n.t. e 4 tavv. f.t. a colori.

190. Rhodes D., *Catalogo del Fondo librario antico della Fondazione Giorgio Cini*. 2011, XXIV-290 pp. con 26 figg. n.t. e 8 tavv. f.t. a colori.

191. Savoldelli G., *Comino Ventura. Annali tipografici dello stampatore a Bergamo dal 1578 al 1616*. 2011, LXXII-354 pp. con molte figg. n.t. e due appendici iconografiche.

192. *Bibliotheca Franciscana. Supplemento al catalogo degli incunaboli e delle cinquecentine dei Frati Minori dell'Emilia-Romagna conservati presso il Convento dell'Osservanza di Bologna*. A cura di E. Stevanin e Z. Zanardi. 2011, XXVIII-162 pp. con 15 figg. n.t. e 8 tavv. f.t. a colori.

193. Patrizi E., *«Del congiungere le gemme de' gentili con la sapientia de' christiani». La biblioteca del card. Silvio Antoniano tra* studia humanitatis *e cultura ecclesiastica*. 2011, XVI-346 pp. con 12 tavv. f.t. a colori.

194. *Alle origini della democrazia moderna. I fondi antichi e rari nella biblioteca Basso (XVI-XIX sec.)*. A cura di M. Failla e M. Sala. Premessa di L. Zannino. 2012, XVI-162 pp.

195. Petrella G., *L'oro di Dongo ovvero per una storia del patrimonio librario del convento dei Frati Minori di Santa Maria del Fiume (con il catalogo degli incunaboli)*. 2012, XVIII-224 pp. con 15 figg. n.t.

196. Zanardi M.C., *Catalogo degli incunaboli della Biblioteca Antoniana di Padova*. Presentazione di C. Carena, introduzione di A. Fanton. 2012, XL-254 pp. con 12 figg. n.t. e 16 tavv. f.t. a colori.

197. *Bononia manifesta. Supplemento al Catalogo dei bandi, editti, costituzioni e provvedimenti diversi, stampati nel XVI secolo per Bologna e il suo territorio*. A cura di Z. Zanardi. 2014, XL-162 pp. con 16 ill. n.t.

198. Petrella G., *I libri nella torre. La biblioteca di Castel Thun. Una collezione nobiliare tra XV e XX secolo*. 2015, XLII-462 pp. con 45 figg. n.t.

199. Campailla S.-Menato M.-Trampus A.-Volpato S., *La Biblioteca ritrovata. Saba e l'*affaire *dei libri di Michelstaedter*. 2015, X-86 pp. con 7 figg. n.t.

200. Callegari M., *L'industria del libro a Venezia durante la Restaurazione (1815-1848)*. 2016, XVIII-288 pp.

201. Savoldelli G.-Frigeni R., *Comino Ventura tra lettere e libri di lettere (1579-1617)*. 2017, VI-356 pp.

202. Petrella G., A la chasse au bonheur. *I libri ritrovati di Renzo Bonfiglioli e altri episodi di collezionismo italiano del Novecento*. 2016, XXVIII-454 pp. con 42 figg. n.t.

203. *Scriver veloce. Sistemi tachigrafici dall'antichità a Twitter*. A cura di A. Tedesco. 2016, XXVI-264 pp. con 70 figg. n.t. e 4 tavv. a colori.

204. Dondi C., *Printed Books of Hours from Fifteenth-Century Italy. The Texts, the Books, and the Survival of a Long-Lasting Genre*. 2016, XLVIII-710 pp. con 32 tavv. f.t. a colori. Rilegato.

205. Vacalebre N., *Come le armadure e l'armi. Per una storia delle antiche biblioteche della Compagnia di Gesù. Con il caso di Perugia*. 2016, XXII-292 pp. con 12 figg. n.t.

206. *Da Lucca a New York a Lugano. Giuseppe Martini libraio tra Otto e Novecento, Atti del Convegno di Lucca, 17-18 ottobre 2014*, a cura di Edoardo Barbieri. 2017, X-254 pp. con 18 figg. n.t. e 40 tavv. f.t. a colori.

207. *Five Centuries Later. Aldus Manutius: Culture, Typography and Philology*. A cura di Natale Vacalebre. 2018, XXXVI-246 pp. con 11 fig. n.t. e 8 tavv. f.t. a colori.

208. Petrella G., *L'impresa tipografica di Battista Farfengo a Brescia. Fra cultura umanistica ed editoria popolare (1489-1500)*. 2018, XXXII-510 pp. con 62 figg. n.t.

209. Alidori Battaglia L., *Il libro d'ore in Italia tra confraternite e corti (1275-1349). Lettori, artisti, immagini*. In preparazione.

210. Finocchiaro G., *Antonio Gallonio scrittore di santi. Agiografia nella Roma di Clemente VII*. 2019, X-106 pp. con 32 tavv. f.t.

211. Melosi L., *D'Annunzio e l'edizione 1911 della* Commedia. 2019, VIII-110 pp. con 30 figg. n.t. e 48 tavv. f.t. a colori.